청소년을 위한

# 고전혁명

청소년을 위한

# 고전혁명

나와 우리, 세상을 바꾸는 고전 읽기의 힘

이지성 · 황광우 지음

생각학교

{ 프롤로그 }

# 고전으로 나와 세상을 혁명하다

"나는 새로 태어날 수 있을까?"

어느 날 문득 일상이 답답하거나 불만스럽거나, 때로는 좌절하거나 화가 날 때 우리는 새로운 나, 새로운 세상을 꿈꾼다. 하지만 어떻게 변해야 할지 막막하다. 그럴 때는 우선 자신의 현재 모습, 현재 삶을 들여다보자. 나를 알지 못하면 나를 바꿀 수 없고, 어떻게 살고 있는지 깨닫지 못하면 삶은 결코 변하지 않는다.

우리의 꿈과 노력은 어디에서 시작되었을까? 자신 안에서 피어나는 열정으로부터일까, 아니면 이만큼 공부하지 않으면, 저 대학을 목표로 하지 않으면, 어느 정도의 돈을 벌지 않으면 무한경쟁의 사회에서 낙오될 것만 같은 불안감으로부터일까? 휘둘리지 않고 스스로의 의지로 사는 삶이 중요하다. 진정한 삶이란 나다운 나로 사는 것이니까.

자신의 삶에 변화가 필요하다고 느낀다면 우리는 '혁명'을 하고 싶은 것인지도 모른다. '혁명이라니? 그런 거창하고 어려운 일은 부담스러운데!'라고 혹시 생각하는가? 그러나 '혁명'을 부담스럽게 여길 필요는 없다. 우리에게 혁명이란 세상을 뒤엎는 일이 아니라 생각을 뒤집는 일이니 말이다. '내가 원하는 나', '내가 바라는 세상'이 무엇인지 질문을 던지는 순간 여러분은 혁명가가 될 준비가 되어 있는 것이다.

그런데 막상 나와 세상에 대해 질문을 하려 해도 어떻게, 누구에게 물어야 할지 고민이다. 물론 이럴 때는 책과 영화 등을 통해 지혜를 얻거나 부모님, 선생님, 선배, 친구 들과 대화를 나누는 것도 좋다. 하지만 가장 권하고 싶은 혁명의 벗, 혁명의 조언자는 '고전'이다.

'고전? 아니, 잠깐! 고전古典은 '옛 고古' 자와 '책 전典' 자를 쓰잖아. 오래전 옛날에 지어진 책에서 내 변화, 내 미래에 대한 답을 찾으라고?' 여러분 마음속의 웅성거림이 들리는 듯하다.

고전은 혁명이다. 이 말이 뜬금없게 들릴 수도 있다. 그러나 모든 고전은 당대의 문제작이었다. 토머스 모어Thomas More는 인클로저운동으로 고통받는 농민들을 보며 억압받는 이가 없는 세상을 꿈꿨고, 카를 마르크스Karl Marx는 노동자들이 어떻게 하면 짓밟히지 않고 잘살 수 있는가를 고민했다. 춘추전국이라는 살육과 혼란의 시대에 공자孔子는 인간이 어떻게 살아야 하는지를 생각했고, 맹자孟子는 인의정치仁義政治와 진정한 용기를 설파했다. 즉, 인류의 현자들이 지은 고전에는 시대를 관통했던 많은 인간의 아픔, 그에 대한 문제의식과 성찰, 혁명적 해결 방식이 들어 있다. 이처럼 고전은 그 시대의 문제에서 시작하여 미래로 열려 있다. 그래서 고전은 태생적으로 혁명이다.

혹시 '고전은 과거를 향하고, 혁명은 미래를 향한다'고 생각하는가? 아니다. 고전은 늘 '새로운 나', '새로운 세상'을 열고자 했다. 과거에 시작되었지만 현재에 영향을 미치고 미래를 여는 힘이 고전이다.

이 책은 고전의 혁명 정신을 바탕으로 우리의 '자아혁명'과 '관계혁명'을 어떻게 이룰 수 있는지를 담았다. 먼저 1장에서는 시대를 초월한 고전의 위대한 힘은 어디에서 비롯되는지 들려주며, 고전을 통한 생각혁명으로 새롭게 태어나는 나를 만날 수 있다. 2장에서는 내 안의 잠든 거인, 우리의 무한한 잠재력을 깨워 일으킴으로써 더 당당한 나, 더 큰 나로 바뀌는 '자아혁명'을 이야기한다. 그리고 3장에서는 세상의 '수많은 나'가 모여 '우리'가 되고, 세상에 대한 우리의 깊은 관심과 치열한 고민이 세상을 바꿀 수 있다는 '관계혁명'을 이야기한다. 마지막으로 4장에서는 나와 세상을 깨워주는 동서양 고전들을 소개하면서 자신만의 고전을 써보기를 권한다.

내 삶은 누구도 대신 살아줄 수 없다. 누구에게도 기대지 않고 내 두 발로 우뚝 설 수 있는 삶을 원한다면 고전을 읽어보자. 고전은 인간이 어떻게 살아야 하는지에 대한 끊임없는 물음이기 때문이다. 시대에 따라 상황에 따라 고전이 그리는 세상은 달랐지만, 고전의 혁명 정신은 나와 우리, 세상에 대한 사랑에서 싹텄고, 변할 수 있다는 믿음에서 출발했으며, 그로부터 인류의 역사를 뒤바꾼 위대한 지혜들이 태어났다. 이 고전의 의미를 오늘의 현실에 대입하여 해석함으로써 내가 원하는 나, 내가 원하는 세상으로 한 걸음씩 나아갈 수 있다.

고전을 읽는 일이 혁명의 시작이라면, 혁명의 완성은 자신만의 고전을 만들어내는 일이 아닐까. 모진 풍파와 거센 변화에도 시대의 벽을 넘어 살아남은 고전의 정신을 이어받아, 이제 스스로의 고전, 더 깊고 넓은 생각을 만들어보자. 이 생각에서부터 더 큰 나가 태어나고, 나를 넘어 세상을 품을 수 있다. 고전을 통한 자아혁명은 이렇게 관계혁명으로 이어진다. 나의 변화는 결코 작은 일이 아니다. 나의 변화는 새로운 나와 새로운 세상을 만드는 커다란 힘, 바로 혁명이다.

## 차례

## 2장 뿌리 깊은 나무는 흔들림이 없다 _ 자아혁명

### 흔들리지 않는 나란 무엇일까?



### 내 안의 잠든 거인을 깨워 일으키는 법



### 자아혁명을 완성하는 네 가지 단계

## 3장 변화는 변화를 이끈다
## _ 관계혁명

### 세상은 수많은 나로 이뤄진다



### 우리의 관심이 세상을 향하는 순간



### 관계혁명을 완성하는 세 가지 단계

## 4장 거침없이 너만의 고전을 써라
### _ 나와 세상을 깨우는 동서양 고전 10선

: 1장 :

# 우리의 생각이 곧 우리의 미래다

## 고전혁명

이 시대의 혁명이란,

세상을 전복하는 것이 아니라 생각을 뒤집는 것이다.

새로운 생각은 넓고 깊은 생각에서 싹트는 법.

시대의 장벽을 넘어 질긴 생명력을 이어온 인류의 정신,

즉 고전이야말로 다르고 새로운 생각을 꽃피울 수 있는 씨앗이다.

고전으로 돌아가라! 고전으로 혁명하라!

이는 곧 생각의 혁명이다.

# 나는
# 새로 태어날 수 있을까?

알은 세계다.
태어나려고 하는 자는 하나의 세계를 파괴하지 않으면 안 된다.
**– 《데미안Demian》 중에서 –**

## 혁명은 어떻게 시작될까?

혁명이란 단어는 어렵다. 우리가 봐왔고 들어온 혁명은 거창하고 거대하고 때로는 수많은 희생이 뒤따르기도 한다. 그런 혁명을 우리가 할 수 있을까? 아니, 해야만 할까? 그런데 다시 생각해보자. 혁명이란 어렵고 위험하기만 할까? 내 삶에 원대한 변화를 가져올 나만의 혁명을 할 수는 없을까?

온 나라에 퍼진 소문이 급기야 히에론 왕의 귀에까지 들어가고 말았다. "뭐, 내 금관에 은이 섞여 있다고?" 그런데 진위를 확인할 방법이 없었다. 왕은 최고의 수학자이자 과학자로 알려진 아르키메데스Archimedes를 즉각 불러들였다. 금관에 은이 섞여 있는지를 알아내라는 것이었다. 아르키메데스는 유능한 과학자였지만 이번 일만큼은 고민이 되지 않을 수 없었다. 이미 만들어진 금관을 다시 녹일 수도 없는 노릇이었다. 몇 날 며칠 머리를 싸매고 고민하자니 몸도 마음도 천근만근. 일단 피곤이라도 풀고자 물이 가득 찬 욕조에 몸을 담근 순간, 그의 머리가 '번쩍' 했다.

"유레카Eureka!"

아르키메데스의 입에서 환호가 터져 나왔다. 그 즉시 그는 벌거벗었다는 사실도 잊은 채 거리를 내달렸다.

그리스어 '유레카'는 '알았다'라는 뜻이다. 아르키메데스는 욕조에 들어갔을 때 물이 넘치는 것을 보고 문제를 해결할 방법을 떠올렸던 것이다. 그리고 그때, 아르키메데스는 분명 이전과는 '다른' 사람이 되었다. 다른 시각을 갖게 되었고, 다른 생각을 하게 되었고, 그리하여 새로운 방법을 찾아냈기 때문이다. 단순히 답을 구하고 구하지 않고의 문제가 아니다. 답을 찾기 위해 고민하는 과정에서 그의 생각은 한층 깊어지고 확장되었다. 그런 결과로 "유레카"를 외친 순간, 그는 혁명을 한 것이다.

그렇다. 혁명은 어려운 일이 아니다. 우리가 좋은 아이디어를 떠올렸을 때, 끙끙거리며 고민하던 문제의 해결책을 찾았을 때, 바로 그때 우리는 혁명을 하고 있었던 것이다. 혁명이란 경중의 차이를 떠나 '불가능'을 '가능'으로 바꾸는 일이기 때문이다. 혁명이 기존의 질서를 뒤집고 새로움을 세우는 일이라면, 생각의 프레임(frame, 틀)을 바꾸고 문제를 해결하는 일 역시 혁명이 아니고 무엇이겠는가!

우리는 혁명가가 되어야 한다. 내 삶을 바꿀 극적인 변화와 기회를 스스로 만들어야 한다. 그러나 우리는 쉽게 혁명하지 못한다. 혁명하는 사람과 혁명하지 못하는 사람의 차이는 무엇일까?

중국 송나라의 한 농부가 밭을 갈고 있는 중에 벌어진 일이다. 토끼 한 마리가 달려가다, 밭 가운데 있는 그루터기에 머리를 들이받고 목이 부러져 죽었다. 이를 본 농부는 가만히 앉아서도 토끼를 잡을 수 있다는 사실에 흥분했다. 이제 힘들게 밭을 갈며 살 이유가 없었다. 그날부터 농부는 쟁기를 내팽개치고 하루 종일 그루터기만 쳐다봤다. 그러나 토끼가 그루터기를 들이받고 죽는 일은 다시 일어나지 않았다. 만약 그가 현명한 사람이었다면 토끼의 사고에서 밭이 토끼가 지나다니는 길목이라는 사실을 유추하고, 근처에 덫을 놓았을 것이다. 하지만 그는 무엇을 보고 생각으로 이어갈 줄 모르는 사람이었고, 결국 온 나라의 웃음거리만 되고 말았다.

똑같은 현상을 대하고 똑같은 사물을 보더라도 혁명하는 사람과 혁명하지 못하는 사람은 다르다. 사과나무 아래에 앉아 있는데 사과가 '쿵' 하고 떨어졌다. 혁명하지 못하는 사람은 송나라의 농부처럼 나무 아래에서 다시 사과가 떨어지기만을 기다릴 것이다. 그러나 아이작 뉴턴Isaac Newton은 떨어진 사과를 통해 '만유인력의 법칙'을 이끌어냈다.

농부와 뉴턴의 차이를 만든 것은 '생각'이다. 뉴턴은 매일 깊이 생각하고 고민했다. 그는 뭔가에 몰두하면 다른 일은 까맣게 잊어버리는 사람이었다. 심지어 실험에 골몰하다가 달걀 대신 시계를 삶은 적도 있고, 생각에 잠긴 나머지 잠옷을 입고 강의를 하러 간 적도 있다고 한다. 그런 생각의 과정들이 모여, 뉴턴은 과학사에 혁명적 발견으로 기록될 만유인력의 법칙을 정리할 수 있었다. 생각하는 삶을 사는 사람은 무엇을 보든 어떤 일을 겪든, 보고 겪는 데 그치지 않고 새로운 생각으로 이어간다. 그리고 그 새로운 생각은 새로운 세상을 열게 된다.

뉴턴을 통해 우리는 사과 하나가 세상을 바꿀 수 있다는 사실을 알았다. 그런데 우리에게 사과가 주어졌을 때, 과연 뉴턴처럼 사과를 바라볼 수 있을까? 사과를 과일로 인식하는 것은 누구나 할 수 있다.

사과를 뉴턴처럼 바라볼 때 비로소 혁명이 시작되는 것이다. 전과 다르게 세상을 바라보고 그럼으로써 새로운 것을 얻는 사고의 전환, 발상의 전환, 그것이 바로 혁명이다. 즉, 혁명이란 생각을 깨우는 일이다.

우리말과 우리글의 초석을 세운 국어학자 최현배는 1947년 국어 정책에 관한 연구서 한 권을 저술했다. 철저한 한글주의자였던 그가 지은 책의 제목은《글자의 혁명》이다. 이 책에는 제목처럼 혁명적인 내용이 두 가지 담겨 있다. 첫 번째는 '한자 안 쓰기'이고 두 번째는 '한글 가로쓰기'다. 지금이야 당연한 일이니 이런 생각에 혁명이라는 말까지 붙이냐며 웃을지도 모르겠다. 하지만 당시 최현배의 주장은 찬성과 반대의 격렬한 논쟁을 불러일으켰다. 한글보다 한자를 더 많이 쓰던 시대에 한자를 쓰지 말자고 한 것, 세로로 글을 쓰던 시대에 가로로 글을 쓰자고 한 것은 분명한 혁명이었다. 누구나 당연하다고 생각한 일에 의문을 품고 딴죽을 걸어, 새로운 방법을 모색한 까닭이다.

니콜라우스 코페르니쿠스Nicolaus Copernicus는 혁명의 대명사로 불린다. 수동적 자아에서 능동적 자아로의 변화, 기존의 세계관을 뒤엎는 새로운 세계관의 출현을 '코페르니쿠스적 전환'이라고 부르기도 한다. 과학자인 그에게 혁명가의 칭호를 수여한 이유는 무엇일까? 1543년 코페르니쿠스가 죽기 직전에 그의 저서《천체의 회전에 관하여De revolutionibus orbium coelestium》가 출판되었다. 우리는 책의 제목에 주목할 필요가 있다. 천체의 회전을 지칭하며 코페르니쿠스는 혁명이라는 뜻을 지닌 'revolution'이라는 단어를 사용했다. 지구가 우주의 중심이라고 믿는 시대에 지구가 태양 둘레를 돈다는 주장은 혁명이었던 것이다. 시도하지 않았던 것을 시도하고, 생각하지 못했던 것을 생각할 때, 그것은 혁명이 된다. 당연하고 익숙한 것에 안주하지 않고, 낯설고 새로운 것을 추구하는 사람만이 변화를 주도할 수 있다.

피터르 몬드리안Pieter Cornelis Mondriaan의 〈빨강, 파랑, 노랑의 구성〉은 우리에게 무척 익숙하고도 유명한 그림이다. 몇 개의 검정 수평선과 수직선이 만든 격자의 세 군데만 각각 빨강, 파랑, 노랑으로 칠한 이 그림에도 혁명 정신이 들어 있다. 모두가 더 세밀하고 복잡한 그림을 그릴 때, 몬드리안은 비례와 균형을 중점으로 회화의 요소를 빨강, 파랑, 노랑과 흰색, 회색, 검은색으로 한정했다. 누구나 따라 그릴 수 있지만, 그것이 그려지기 전까지는 누구도 미처 생각할 수 없었던 그림을 그린 것이다. 그는 하나의 작품을 완성하기까지 많은 명상의 시간을 가져야 했다고 고백한다. 명상, 즉 생각이 다른 관점, 그로부터 다른 그림이 가능했다. 사물을 다르게 볼 수 있게 한 생각이야말로 몬드리안의 그림이 단순한 미술 작품을 넘어 고전이 될 수 있었던 이유다.

아르키메데스와 뉴턴, 코페르니쿠스를 비롯한 수많은 인물의 삶과 그들이 만든 고전은 혁명을 표현하고 있다. 그런데 여기서 의문이 든다. 그들이야 뛰어난 능력을 기반으로 자신의 삶과 속한 사회에 혁명적 변화를 가져왔다손 치더라도, 우리에게 그럴 능력이 있기나 할까? 있다고 하더라도 우리가 굳이 혁명을 해야만 할까? 하지만 생각해보면 답은 명백하다. 혁명해야만 한다.

인생을 통틀어 나를 지키고 책임져야 하는 이는 그 누구도 아닌 오직 나 자신뿐이다. 세상에, 타인에 기대거나 휩쓸려서는 진정한 '나의 삶'을 살아갈 수 없다. 좋은 일이든 나쁜 일이든, 무슨 변화가 또 생길지 넋 놓고 앉아 그루터기만 바라보고 있어서는 안 된다. 내 삶의 중심은 '나'가 되어야 한다. 그러기 위해서는 스스로 생각하고, 스스로 변화를 주도해야 한다. 내 삶의 혁명에 대한 이런 의지가 있다면 무엇이 정당한지 부당한지, 무엇이 행복한 삶으로의 길인지 판단하기는 어렵지 않을 터다.

그런데 다시 의문이 든다. 왜 하필 고전일까? 고전에서 어떻게 생각혁명과 자아혁명을 이룰 수 있을까? 그 이유는 고전이 '시대를 돌파해온 생각'이기 때문이다. 모든 고전은 당대의 문제작이었다. 현실에 대한 치열한 고민과 현실에 맞선 가열한 몸부림을 통해 탄생했고, 그 힘으로 지금까지 살아남은 것이 바로 고전이다. 고전은 시대를 넘어서고 변화를 주도해왔다. 그것은 정신과 물질, 인문과 과학의 측면에서 모두 진행되었다. 일례로 토머스 홉스Thomas Hobbes, 존 로크John Locke, 장 자크 루소Jean-Jacques Rousseau로 이어지는 고전은 프랑스혁명의 흐름을 보여준다. 시대의 최전선에서 최첨단의 생각을 말해온 고전. 그 고전에 기존의 가치를 뒤엎는 새로운 생각의 해답이 있다. 이것이 고전을 읽어야 하는 이유이고, 고전으로 혁명할 수 있는 근거다.

## 세상을 바꾼 사람들의 비결은?

15세기 중엽 영국에서는 양이 사람을 잡아먹고 있었다. 초식동물인 양이 갑자기 식인괴물로 변하기라도 한 것일까? 사실 사람을 잡아먹은 것은 양이 아니라 사람의 탐욕이었다. 값비싼 양모를 얻으려는 욕심 때문에 농민들이 경작하던 땅은 모조리 목장으로 바뀌었고, 그곳에서 경작은 금지되었다. 심지어 집을 헐어내기도 했고 때로는 마을 전체가 철거되는 일도 벌어졌다. 농민들은 땅에서 추방되었다.

영국에서 시작된 인클로저(enclosure, 목양업이나 대규모 농업을 위해, 공동 이용이 가능한 토지에 담이나 울타리 등을 세워서 사유지로 만든 일)는 농민을 절망의 나락에 빠뜨렸다. 이때 토머스 모어Thomas More가 태어났다. 모어는 그 불합리한 현실을 참을 수 없었고, 이에 현실과는 전혀 다른 이상의 세계를 그려냈다. 그것이 《유토피아Utopia》다. 이 책은 인클로저운동과 그로 인해 벌어진 사회적 문제를 강력히 비판한다.

조선시대에도 모어 같은 이가 있었다. 영조·정조시대는 조선의 문예부흥기였다. 당파 싸움을 막기 위해 영조는 탕평책을 실시했고 덕분에 벼슬길이 막혔던 인재들도 관리로 등용될 수 있었다. 정약용이 속한 실학파도 그중 하나였다. 그러나 조선의 문예부흥기는 두 임금의 죽음과 함께 사그라졌다. 대신 어린 왕을 내세운 안동 김씨의 세도정치가 시작되었고, 조선의 정치는 다시 썩어 들어갔다. 이 시기, 모든 문제를 해결하는 방법은 돈이었다. 돈을 주고 관직을 산 관리들은 자신이 상납한 돈보다 더 많은 돈을 벌기 위해 혈안이 되었다. 재산을 늘리는 가장 손쉬운 방법은 백성들을 착취하는 일이었다. 조선시대에 병역을 유예받는 방법은 세포, 즉 세금으로 피륙(아직 끊지 않은 베, 무명 등의 천)을 바치는 것이었는데, 백성의 고혈을 짜내기 바빴던 양반들은 갓난아이는 물론 죽은 사람에게까지 병적을 부과했다. 갓난아이에게 부과한 황구징포, 죽은 사람에게 부과한 백골징포가 그것이다. 수탈에 시달리던 백성들은 사내아이를 낳으면 통곡을 하고, 심지어 생매장하기까지 했다. 백성들은 세금을 피해 도망 다녔고 곳곳에서 민중의 소요가 일어났다.

정약용의 《목민심서牧民心書》는 이때 등장했다. 이 책은 도대체 천하의 큰 도둑은 누구인지 묻는다. 관리는 백성을 기른다 하여 목민관牧民官이라고 불렀다. 《목민심서》가 이야기하는 것은 목민의 마음이며 목민관이 지켜야 할 도리다. 백성이 잘살 수 있도록 돕지 않는 관리는 관리가 아니라는 일침이다. 백성이 가난하지 않도록, 백성이 배부르도록, 백성이 일할 수 있도록 만들어주는 것이 정치다. 아프면 치료받을 수 있도록 제도를 마련하고, 배우고 싶으면 배울 수 있도록 돕는 것이 국가다. 개인의 이익을 위해, 소수의 기득권을 위해 움직이는 것은 정치가 아니다. 이에 정약용은 백성을 착취하는 관리들을 신랄히 비판했다. 관리라면 으레 그러려니 생각한 시대, 관리의 착취와 부정과 비리가 만연한 시대, 《목민심서》는 변화의 불씨가 된 혁명과도 같은 글이었다.

불행히도 토머스 모어의 시대와 정약용의 시대는 우리의 현실과 겹친다. 개발이라는 명목으로 삶의 터전에서 쫓겨나는 사람들 뒤로 들어선 고층 아파트. 국민 모두를 위해 일하는 대신, 자신들의 권력과 가진 자들의 이익을 유지하려는 관료들. 만약 지금 이 시대에 또 다른 토머스 모어, 또 다른 정약용이 있다면 그는 이 현실을 비판하고 새로운 세상으로 나아가야 한다고 부르짖지 않았을까.

그렇기에 고전은 과거의 것이지만 현재를 그린다. '반추'라는 말을 들어봤을 것이다. 반추에는 '어떤 일을 되풀이하여 음미하거나 생각함'이라는 뜻이 있다. 그러나 고전을 읽는 일은 떠올리고 음미하는 데서 한 발짝 더 나아간다. 여기에서 반추의 다른 뜻, 즉 '소나 염소 같은 동물이 한번 삼킨 먹이를 다시 게워내어 씹음'을 생각해보자. 이렇게 되새김을 하는 이유는 먹이에 들어 있는 모든 영양소를 섭취하기 위해서다.

고전을 읽는 일도 비슷하다. 고전은 당시의 현실을 인식하고 어떤 변화를 이뤄야 할지를 고민한 사람의 책이다. 고전은 그 시대의 문제에서 시작하여 미래로 열려 있다. 그래서 고전은 태생적으로 혁명이다. 춘추전국이라는 살육과 혼란의 시대에 맹자孟子의 인의정치仁義政治는 혁명이었고, 창조론에 맞서 진화론을 주장한 찰스 다윈Charles Robert Darwin은 혁명가였다. 시대의 현자들이 살았던 그때와 지금 우리가 살고 있는 현실은 그리 다르지 않다. 나타나는 양상은 다를지언정 해결해야 할 문제가 존재한다는 사실은 동일하다. 그래서 우리는 그들이 어떻게 세상을 인식하고 세상을 바꿨는지 두 눈을 부릅뜨고 봐야 한다. 그들이 바라본 세상과 이를 바꾸고자 한 노력을 되새김하며, 지금 우리가 어떻게 세상을 바꿀지 생각과 의식의 자양분을 얻어야 한다.

그리고 또 부릅뜨고 봐야 한다. 세상이 어떻게 돌아가고 있는지를. 그리고 생각해야 한다. 그 세상 속에서 나는 어떻게 살아갈지를. 그저 남들이 좋다는 대학이나 직장에 들어가기 위해 밤늦도록 학원을 전전하기 전에 잠깐 멈춰 생각을 시작하자. 내가 왜 이렇게 공부하는지, 무엇을 위해 어떤 노력을 해야 하는지, 가장 소중한 목표는 무엇인지 스스로에게 물어보자. 세상이 원하는 조건을 충족하기 위한 삶과 내가 바라는 목표를 이루고자 하는 삶은 분명 다르다. 그냥 되는 대로, 주어진 대로 사는 것이 아니라 내가 원하고 바라는 대로 살겠다는 외침이 중요하다. 그렇게 나다운 나, 삶다운 삶을 지향해야 한다.

내가 원하는 세상을 살기 위한 첫걸음은 나와 세상에 관심을 갖는 일이다. 나와 세상은 연결되어 있다. 세상에는 수많은 '나'들이 존재하고, 그 '나'들이 모여 세상을 만들어간다. 그렇기에 내가 변하기 위해서는 나를 알고, 더불어 세상을 알아야만 한다. 세상과 나의 관계를 파악하지 못하면 나의 혁명은 영조와 정조가 죽고 난 후 실학이 사그라진 것처럼 찻잔 속에서 식고 말 것이다. 세상을 모르면서 나만 바뀔 수는 없으며, 나 혼자만 바뀌어서는 아무것도 바뀌지 않는다. 세상을 알아야 내가 바뀌고, 수많은 '나'들이 변할 때 비로소 세상도 변한다.

## 개구리와 거북이의 삶, 문제는 '생각'이다

《장자莊子》에는 우물 안 개구리와 거북이의 대화가 나온다. 개구리가 거북이를 보며 말했다.

"나는 참 즐겁소. 밖에서는 우물 난간 위에서 놀고, 우물 안에서는 깨진 벽돌 끝에서 쉬고, 물위에 엎드릴 때는 겨드랑이를 수면에 대고 턱을 받치며, 진흙을 발로 차도 물은 발등까지밖에 차지 않지. 장구벌레, 게, 올챙이를 두루 봐도 나만큼은 좋지 않아. 내가 물을 독점하고 우물을 지배하는 즐거움은 정말 최고지. 자네도 한번 들어오시게."

개구리의 말에 거북이가 우물로 들어가려고 했다. 그런데 발이 걸려 들어갈 수가 없었다. 거북이는 한참을 망설이다가 개구리에게 바다 이야기를 들려줬다.

"무릇 천 리의 먼 거리로도 바다의 크기를 드러낼 수 없네. 천 길의 높이도 바다의 깊이를 드러내지 못하지. 우임금 때 십 년 동안 아홉 번의 홍수가 있었지만 바닷물은 늘어나지 않았고 탕임금 때 팔 년 동안 일곱 번 가뭄이 들었지만 바닷물은 줄지 않았지. 시간의 짧음과 깊에 변하지 않고, 비의 많음과 적음에 불어나거나 주는 일이 없는 것, 이것이 동해의 즐거움이라네."

거북이의 이야기를 들은 개구리는 놀라 꼼짝할 수 없었다.

개구리의 세계는 우물 안이다. 개구리는 우물을 벗어나지 못한다. 모든 것을 지배한다고 말하지만 그곳에서는 비를 피할 수 없다. 만일 홍수라도 난다면 우물은 가득 차고 개구리는 떠내려가고 말 일이다. 결국 우물은 튼튼한 울타리가 아니다. 그저 그렇게 믿고 있을 뿐이다. 그런데 우리는 우리만의 수많은 우물을 짓고 있는 것은 아닐까? 우물은 껍데기다. 헤르만 헤세Hermann Hesse의 《데미안》에서 말하는 것처럼 우리는 껍데기 안에서 웅크리고 있는지도 모른다. '그나마 이 정도 껍데기라도 있어서 다행이야'라면서. 그러나 새로 태어나고 싶다면 껍데기를 깨뜨리지 않으면 안 된다. 그러지 않으면 개구리처럼 우물 안에서만 머물다가 외부의 변화에 속수무책 휩쓸리고 말 것이다.

《장자》는 다시 말한다. 우물 안 개구리에게 바다를 말해도 알지 못하는 것은 공간의 구속을 받고 있기 때문이다. 여름 매미에게 얼음에 관해 말해도 알지 못하는 것은 시간의 제약을 받고 있기 때문이다.

편벽된 선비에게 도를 말해도 알지 못하는 것은 가르침에 속박되어 있기 때문이다. 이제는 바다로 나가야 할 때가 아닐까? 외부의 조건으로 인해 한순간에 무너질지도 모르는 우물이 아니라 내가 직접 항해할 수 있는 세계로 무대를 옮겨야 하는 것은 아닐까?

우리는 분명 스스로 살고자 하는 세상을 택할 수 있다. 크기와 깊이를 가늠할 수 없는 바다 위 거북이로 살지, 이미 한계가 정해져버린 우물 안 개구리로 살지. 개구리가 우물을 벗어나기 위해서는 몇 가지 단계가 필요하다. 일단 내가 살고 있는 곳이 우물이며, 더 큰 세상이 밖에 있다는 자각이 있어야 한다. 그리고 두렵고 어렵지만 이를 무릅쓰고 우물을 벗어나려는 노력이 뒤따라야 한다. 개구리는 우물의 한계를 깨닫는 '생각의 혁명'을 통해, 우물을 탈출하는 '삶의 혁명'을 꾀할 수 있다. 그럼으로써 더 넓은 세상을 향유하게 된다.

카를 마르크스Karl Marx는 혁명을 '역사의 기관차'라고 했다. 마르크스가 그처럼 말한 것은 우리의 힘에 의해 새로운 사회가 만들어지고, 그로 인해 역사가 더 높은 단계를 획득하기 때문이다. 이는 누가 주체인가 하는 이 사회에 대한 근본적인 질문이며 내가 지금 무엇을 해야 하는가에 대한 존재론적 질문이다.

옛날 노나라에 해조海鳥 한 마리가 날아왔다. 진귀한 새를 본 노나라의 제후는 이 새에게 좋은 음악을 들려주고 맛있는 음식도 줬다. 그러나 새는 음악에 흥겨워하지도, 음식을 맛있게 먹지도 않았다. 새는 결국 사흘 만에 죽고 말았다. 장자莊子는 새를 기르는 데에는 새의 모이로써 해야 한다고 말했다. 그렇다면 사람이 사는 세상은, 우리가 사는 세상은 무엇으로써 해야 할까? 아니, 질문이 틀렸다. 세상은 우리를 길들이려 하지만 우리는 길들여져서는 안 된다. '무엇으로 길러질 것'인가를 물을 게 아니라 우리가 '무엇을 할 것'인지를 고민해야 한다. 길들여져 정해진 길만을 따라가면 결코 자신의 역사를 쓸 수 없다. 계속 같은 자리에 머물러 앉아 지나가는 기차를 바라보는 방관자로 전락할지도 모른다. 만들어진 새장에서 내 입맛을 버린 채 그저 던져지는 모이를 받아먹을 것인가, 아니면 창공을 훨훨 날아 스스로 먹이를 찾을 것인가? 선택은 온전히 자신의 몫이다.

1889년 5월 6일, 프랑스혁명 백 주년을 기념한 만국박람회가 파리에서 개막되었다. 이때 무엇보다 사람들의 관심을 집중시킨 것은 금속 부품 1만 8038개와 못 250만 개가 사용된 무게 7300톤의 에펠탑이었다. 이 세계적인 건축물의 공사 과정은 순조롭지 못했다. 소설가인 레옹 블루아Léon Bloy는 에펠탑을 가리켜 '비극적인 가로등'이라고 평했다. 철기둥이라든가 세우다 만 공장 파이프 같다는 혹평이 이어졌다. 그러나 알렉상드르 구스타브 에펠Alexandre Gustave Eiffel은 굴하지 않았고, 결국 위대한 건축가로 우뚝 섰다. 그런데 그가 처음부터 위대한 건축가였을까? 어린 시절 에펠은 열등생이었다. 암기를 강요하는 학교는 그에게 지옥과 같았지만 그나마 역사와 문학을 통해 숨을 쉴 수 있었다. 그리고 그에게는 신학과 철학을 알려준 멘토였던 삼촌 장 바티스트 모렐라 에펠과 삼촌의 친구 미셸 페레가 있었다. 에펠의 자유주의 사상은 여기에서 싹텄고, 그런 사상은 '자유의 여신상'의 철골 구조물에서도 표현되었다.

에펠은 획일화된 학교 교육에서 자신만의 배움을 추구했고, 선입견의 울타리를 과감히 걷어차고 자신만의 건축물을 실현했다. 구속과 제약, 속박에서 벗어나는 일은 하나의 세계를 깨뜨리는 일이었고, 그렇게 에펠은 자신의 세계를 만들어낼 수 있었다. 익숙한 생각을 깨뜨려야 새로운 생각이 태어난다. 만들어진 세계를 깨뜨려야 원하는 세계를 만들 수 있다. 어떤 바람에도 흔들리지 않고 두 발로 우뚝 서고 싶다면, 내가 원하는 나, 내가 원하는 세상을 만들고 싶다면 이제 역사의 기관차에 올라탈 차례다. 그리고 그 기관차에 오를 수 있는 기차표는 고전이다.

# 인생을 바꾸는 큰 만남,
# 고전

쳐다보면 더욱 높아지고 파면 더욱 견고해지며
앞에 있다 여기고 바라보면 어느새 뒤에 있구나.
선생님께서는 차근차근 사람을 잘 이끌어주시니
학문으로써 나를 박학하게 하시고 예로써 나를 다잡아주셨다.

– 《논어論語》 중에서 –

## ⁘ 시대를 초월한 위대함의 힘 ⁘

한 대학생이 컬럼비아대학의 레이먼드 위버 Raymond Weaver 교수를 만났다. 그 학생은 교수에게 한창 인기를 끌고 있는 베스트셀러를 읽어봤냐고 물었다. 위버 교수가 읽지 않았다고 하자, 학생은 출판된 지 세 달이나 된 책을 아직도 읽지 않은 이유를 물었다. 위버 교수는 대답 대신 질문을 던졌다. "단테의 《신곡 La Divina Commedia》을 읽었는가?" 학생이 읽지 않았다고 하자 위버 교수의 답은 이랬다. "《신곡》은 나온 지 수백 년이 넘었다네."

세상이 급속도로 변화하면서 사람들은 계속 더 새로운 것을 갈구하며, 새로울수록 좋다는 인식이 팽배하다. 하지만 최신의 기술, 최신의 제품은 좋은 것일 수는 있지만 결코 위대한 것은 아니다. 좋음과 위대함, 그 차이는 어디에서 발견할 수 있을까? 바로 '생명력'이다. 좋은 것은 한순간 반짝 주목을 받을지 모르지만 시대의 벽, 시간의 흐름을 견디지 못하고 사라진다. 수많은 영화들이 흥행에 성공하고 매년 베스트셀러가 쏟아지지만 시간이 지나면 새로운 영화, 새로운 책에 밀려 사람들의 기억 속에서 잊히게 된다.

좋음이 위대함을 뛰어넘을 수 없는 이유도 이 때문이다. 위대한 것은 시대를 초월한다. 뿐만 아니라 자신을 모델로 한 또 다른 흐름을 생산한다. 우리가 가진 오해 중 하나가 고전은 현재에 적용되지 않는다는 생각이다. 우리는 고전을 옛날 책 혹은 케케묵은 이야기로 인식하곤 한다. 과연 그럴까?

1966년부터 1976년까지 중국은 문화대혁명의 광풍에 휩싸였다. 마오쩌둥毛澤東은 부르주아와 자본주의의 타도를 부르짖었고, 전국의 학생들은 붉은 표지의 《마오쩌둥 어록》을 손에 들고 모든 것을 파괴하기 시작했다. 홍위병이라 불린 그들의 수는 1100만 명에 이르렀고, 그 기세는 마치 중국을 순식간에 삼켜버릴 듯했다. 당시에는 낡은 것은 타파하고 새것을 세운다는 파구입신破舊立新의 구호 아래 지식인들이 숙청당하고 오지로 쫓겨났는데, 가장 고난을 겪은 인물 중 한 명이 공자孔子다. 홍위병들은 공자의 상을 때려 부수며, 과거와의 철저한 단절을 선언했다. 당시만 해도 공자는 중국을 망친 주범으로 지목되었다. 그러나 마오쩌둥의 사망과 함께 이 거센 기운은 급속히 소멸되었다.

지금 중국에는 공자가 서 있다. 온 세상이 번영하고 화평한 사회, 즉 공자가 이루고자 한 '대동大同사회'가 바로 중국의 미래상이다. 과거의 영광을 재현하고 새로운 강대국으로 발돋움하려는 중국이 거울로 삼는 대상은, 새로운 사상이 아니라 과거의 고전이었던 것이다.

1979년 노벨 화학상 수상자 허버트 브라운Herbert Brown, 1992년 노벨 경제학상 수상자 게리 베커Gary Becker, 미국의 유명 수학자 조지 버코프George Birkhoff, 인권 운동가 제시 잭슨Jesse Jackson. 이들의 공통점은 무엇일까?

답은 모두 시카고대학 출신이라는 것이다. 지금까지 90여 명의 노벨상 수상자를 배출한 시카고대학은 오늘날 명문으로 이름을 날리고 있다. 하지만 초창기에는 그저 그런 학교 중 하나였다. 변화는 1929년 로버트 허친스Robert Hutchins가 제5대 총장으로 부임하면서 시작되었다. 열등감과 패배감에 물들어 있는 학생들을 보면서 허친스는 새로운 계획을 도입했다. 일명 '시카고 플랜'이라 불리는 '그레이트북 프로그램The great book program'이 그것이다. 허친스는 학생들에게 졸업할 때까지 백 권의 고전을 읽게 했다. 단지 읽기만 시킨 것이 아니었다. 그는 고전을 읽으면서 세 가지 목표를 충족하도록 주문했다. 첫 번째는 고전에서 자신만의 롤모델을 발견하라는 것, 두 번째는 자신의 인생을 이끌어갈 가치를 찾으라는 것, 마지막 세 번째는 자신이 발견한 가치에 꿈을 품으라는 것이었다.

결과는 놀라웠다. 스스로를 하버드대나 예일대에 비해 수준이 떨어진다고 여기던 학생들이 고전을 통해 가치와 꿈을 가지게 되었고 열정을 회복했다. 90여 명의 노벨상 수상자 배출이라는 경이로운 기록은 학생들의 꿈과 열정이 빚어낸 쾌거였다.

우리는 삶의 극적인 변화, 또는 180도 달라진 나를 꿈꾸며 그 방법을 새롭고 혁신적인 무엇에서 찾지만, 좋음을 넘어 위대해지기 위해서는 '축적'이 필요하다. 생각을 축적하고, 그 생각을 실현할 힘을 축적해야만 위대함이 가능해진다. 그리고 오랜 세월의 풍파와 굴곡을 견디고 위대함으로 자리매김한 고전은, 그 지난한 과정의 출발점이자 조력자가 되어줄 것이 분명하다.

## ⸬ 답을 '얻는' 것 vs. 답을 '생각하는' 것 ⸬

언제부터일까. 우리가 생각하는 것을 어렵다 느끼고, 질문을 놓아버리고, 남들이 걸어본 길만을 가려 한 게. 생각하는 일이 익숙지 않아졌다. 질문을 하지 않으니 답을 찾을 방법도 사라졌다. 남들이 낸 길만을 걸으니 도전할 일도 없어졌다.

인간은 본래 끝없는 질문과 답변 속에 사는 존재다. 사람과 대화하고 책과 대화하고 자연과 대화하며 자신의 지평을 넓혀왔다. 그런데 지금은? 어떤 일로 힘들다 느끼면서도 정작 왜 힘든지 고민하지 않고, 어떻게 하면 이 상황에서 벗어날 수 있는지 궁리하지 않는다. 마치 수학 문제를 풀 때 원리를 이해하기보다 공식을 암기하여 빠른 답을 찾으려는 모습 같다. 물론 질문을 던진다고 바로 답이 구해지진 않는다. 이때 스스로 구하기 어렵다면 부모님, 선생님, 선배, 친구 등에게 물어보면 된다. 하지만 가장 권하고 싶은 조언자는 고전이다. 누군가에게 질문을 던지면 답을 '얻는' 데 그치지만, 고전에 길을 물으면 답을 '생각할' 수 있기 때문이다.

고전은 과거에 행해진 질문과 답의 기록이다. 누군가 앞서 던진 질문과 그에 대한 고민의 결과를 접하면서, 우리가 품은 의문들에 대한 답을 찾아갈 수 있다. '학문으로써 나를 박학하게 하시고 예로써 나를 다잡아주신 스승'이 우리에게는 고전이 될 터다. 고전을 읽는다는 것은 인류의 현자들과 대화를 나누는 일이다. 그리고 사람의 인생은 크고 중요한 한 번의 만남으로도 바뀔 수 있다.

우리가 고전과의 만남을 통해 처음으로 내딛을 생각의 걸음마는 어찌 보면 너무 진부하지만 여전히 풀리지 않는 물음이다. '나는 누구인가? 나는 어떻게 살아야 할까?' 가장 근본적인 이 질문이 나를 규정한다. 나를 알지 못하면 나를 바꿀 수 없고, 어떻게 살아야 할지 묻지 않는다면 삶은 결코 변하지 않는다. 나라는 존재가 너무 버겁다면 질문을 조금 바꿔보자. 인간이란 무엇인가? 마르크스는 이렇게 답했다. "인간은 인간 역사의 총체다." 그렇다면 인간의 미토콘드리아 DNA를 분석하여 추정한 인류의 모계 조상인 미토콘드리아 이브Mitochondria Eve에서부터 현재의 나에 이르기까지, 인간이 보여주고 드러내고 축적해놓은 것의 총체가 바로 인간이다.

인간은 이성적 존재이고 사회적 존재이며 노동하는 존재라고 답할 수도 있을 것이다. 인간 존재에 대한 물음은 실존과 연결된다. 표도르 도스토옙스키Fyodor Mikhailovich Dostoevskii, 프리드리히 니체Friedrich Wilhelm Nietzsche, 헤르만 헤세, 알베르 카뮈Albert Camus. 이들은 인간의 실존에 물음을 던졌다. 실존existence이란 매일 선택하는 인간의 삶이다. 지금 이

곳에서 진행되는 나의 삶만큼 중요한 것이 또 있을까?

하지만 서양 이천오백 년의 철학은, 이곳이 아닌 저곳의 이데아idea, 피안의 이데아를 추구했고, 지금이 아닌 불멸의 이데아, 영원의 이데아를 추구했다. 그 이데아, 세계의 본질이 신이었다. 실존주의는 선언한다. "아니다. 세계의 주체는 신이 아니다. 인간이다." 나의 선택이 삶을 결정한다. 신에게서 인간의 삶으로 돌아가자. 이것이 실존주의 혁명이었다.

존재에 대한 고민은 다양하다. 고대 그리스의 플라톤Platon은 실존이 아닌 본질에 집중했는데, 그는 변화하는 것은 참된 존재가 아니라고 생각했다. 우리가 눈으로 보고 귀로 듣고 손으로 만지고 코로 맡을 수 있는 것, 즉 감각을 통해서 경험하는 것은 존재의 참된 모습이 아니라는 말이다. 플라톤에 따르면 참된 존재는 변하지 않는다. 그가 주장하는 '이데아'는 보이지 않지만 분명 존재하는, 그러면서 결코 변하지 않는 무엇이다.

이렇듯 서양철학은 항상 불멸의 실체를 전제로 전개되었다. 전제는 동일하되 생각은 계속적인 변형과 발전을 꾀했다. 영국의 수학자이자 철학자인 앨프리드 화이트헤드Alfred North Whitehead는 서양철학을 "플라톤 철학의 각주에 불과하다"라고 했고, 중세 유럽을 지배했던 스콜라철학(기독교를 체계적으로 정리하고 이를 이성을 통해 입증하려고 했던 철학 흐름)은 현실주의 입장을 취한 아리스토텔레스Aristoteles 철학의 변형이었다. 즉, 고전은 이전의 고전에 계속적인 영향을 받으며 변주되고 확장되고 심화되어왔다.

중세철학, 플라톤적 사유와 결별한 것이 근대철학이고 그 시발점은 바로 니체였다. "신은 죽었다"라고 니체가 선언했을 때, 그 말은 파괴적이었다. 그런데 이런 생각이 동양에서는 특별한 것이 아니었다. 공자는 신을 이야기하지 않았다. 주자학에서 세계는 이理와 기氣로 구성된다. '이'는 모든 사물의 생성과 변화의 원리를 주관하는 근본 원인이며, '기'는 이의 원리가 구체화되는 요소다. 즉, 주자학의 세계에서 우주의 기본 원리와 인간의 본성을 설명하는 데 신은 등장하지 않는다.

장자의 아내가 죽었을 때, 친구 혜자가 조문을 왔다가 깜짝 놀랐다. 장자가 대야를 두드리며 노래를 부르고 있는 것이 아닌가. 아무리 장자가 특이한 사람이라 해도 인생의 고락을 함께한 아내의 죽음 앞에서 노래를 부르다니. 경악을 금치 못하는 혜자에게 장자는 이렇게 말했다.

"아내가 죽었을 때 왜 나라고 슬프지 않았겠는가? 그러나 다시 생각해보니 아내에게는 애당초 생명도 형체도 기도 없었다네. 유有와 무無의 사이에서 기가 생겨났고, 기가 변형되어 형체가 되었으며, 형체가 다시 생명으로 모양을 바꿨지. 이제 삶이 변해 죽음이 되었으니 이는 춘하추동의 사계절이 순환하는 것과 다를 바 없네. 아내는 지금 우주 안에 잠들어 있는 걸세. 내가 슬퍼하고 운다는 것은 자연의 이치를 모른다는 것과 같지. 그래서 나는 슬퍼하기를 멈췄다네."

그러나 서양은 달랐다. 니체의 무신론을 이어받은 유럽은 충격에 빠졌다. '신이 없다면, 아무도 나를 심판하지 않는다면 마음대로 살아도 되는 것이 아닌가?' 허무주의와 염세주의가 서양을 뒤덮었다. 물론 니체는 초인(가장 위대한 모습의 이상적인 인간상)이라는 개념을 통해 극복하려 했지만 충분치 않았다. 그리고 마르틴 하이데거Martin Heidegger가 등장한다. 그는 "인간은 던져진 존재다"라고 주장했다. 신이 없는 세상에서 인간에게 주어진 자유가 부정적인 허무주의로 흐를 수도 있지만, 반대로 능동적인 선택을 할 수 있는 존재가 인간이라는 것이다. 그런데 하이데거의 이런 사상은 동양에서는 지극히 일반적이었다.

《맹자孟子》〈고자장구告子章句〉는 "사람은 항상 잘못을 저지른 후에야 능히 고칠 수 있는 법이니 마음이 괴롭고 계획이 어긋난 뒤에야 분발하고, 표정으로 나타내고 소리를 낸 뒤에라야 깨닫게 된다"라고 기록한다. 맹자는 인간을 긍정했다. 차마 하지 못하는 마음인 '불인인지심不忍人之心'이 인간에게는 있다는 것이다. 그 예로 사람들은 어린

아이가 우물에 빠지려는 모습을 힐끗 보기만 해도 모두 깜짝 놀라고 측은한 마음을 갖는다. 이는 그 아이의 부모와 친해지기 위해서도 아니고, 동네 사람들과 벗들로부터 칭찬받으려 하기 때문도 아니고, 아이가 지르는 소리가 듣기 싫어서도 아니다. 그저 사람의 당연한 마음인 것이다.

떨어져 있는 것 같지만 연결되어 있고, 상관없는 듯하지만 영향을 미치며, 어제의 일인 것 같지만 내일의 이야기인 것이 고전이다. 고전은 시대를 뛰어넘어 통용되는 삶의 이야기다. 고전은 인간이 어떻게 살아야 하는지에 대한 끊임없는 물음이다. 고전에 정답이 없을 수도 있다. 그러나 고전은 답을 찾아가는 길을 보여준다. 고전, 그것은 생각을 퍼 올리는 샘이다.

신과학운동을 선도한 세계적인 물리학자 프리초프 카프라Fritjof Capra는 "인간에게 희망이 있다면 역사에서 배울 수 있다는 것"이라고 했으며, 세계 최고 CEO인 워런 버핏Warren Buffett은 "자신의 경험을 통해서 배우는 것도 좋지만 다른 사람의 경험을 통해 배우는 것이 더 현명하다"라고 말했다. 역사 속 경험, 다른 이의 경험을 통한 배움에 있어 고전을 읽는 일만 한 것이 또 있으랴. 그리고 고전을 통해 우리는 삶의 혁명에 다가갈 수 있다.

## ‘현상’이 아닌 ‘근본’을 보라

《중용中庸》은 유학의 사서四書 중 하나다. 동양에서 ‘중용’은 오랫동안 사람이 행해야 할 규범을 알려주는 것이었다. 그런데 중용을 실천하기는커녕 그것을 알기조차 쉽지 않다.

중국 송나라의 유학자인 주자朱子는 중용을 “어느 편에도 치우치지 않고 꼭 알맞은 것이 ‘중’이며 변함없이 일정하고 바른 것이 ‘용’이다. 그러므로 중이란 사람이 살아가는 데 필요한 올바른 도이고, 용이란 사람이 살아가는 데 지켜야만 할 원리다”라고 설명했다. 그런데 이때 치우치지 않는다는 것은 단지 물리적인 숫자를 뜻함이 아니다. ‘1과 9의 중간은 5’라는 단순한 결과로 나타나진 않는다는 말이다. 그래서 현실에서 중을 지키기란 쉽지 않다. 게다가 우리는 이분법에 너무 익숙하지 않은가.

우리는 오랫동안 회색과 멀어져 있었다. 세상은 흑이 아니면 백이었고 내 편이 아니면 네 편이었다. 그러나 세상에는 흑과 백만이 존재하진 않는다. 흑과 백 사이에는 수많은 색이 존재한다. 그런데 흑과 백만을 놓고 다른 색을 지워버린다면 어떻게 될까?

중요한 것은 분리가 아니라 흡수이며, 배척이 아니라 포용이다. 나 외에는 무엇도 받아들이지 않고 인정하지 않겠다는 태도는 결국 나를 도태시키는 지름길이다. 나쁜 것에서 그러지 않기를 배우고 좋은 것에서 그 좋음을 배우라는 말은 공자의 가르침이기도 하다.

동도서기東道西器. 동양은 정신문명이고 서양은 물질문명이라는, 동양과 서양을 정신과 물질로 나누는 이 이분법은 오랫동안 우리를 지배해왔다. 1881년 6월 사헌부 장령이었던 곽기락은 동도서기론을 옹호하는 상소를 올렸다. 상소에서 그는 "서양이라고 하더라도 기계 기술이나 농서가 진실로 이익이 될 만한 것이 있으면 반드시 행할 것이요, 그 사람으로 해서 그들의 좋은 법까지 물리칠 필요는 없습니다"라고 했다. 동양의 정신문화는 그대로 계승하면서 서양의 기술만을 받아들이자는 논리였다. 동양의 가치관은 옳고 서양의 가치관은 인정하지 않는 태도는 중국이나 일본도 다르지 않았다.

그런데 과연 정신문명 없이 물질문명이 나올 수 있을까? 영국의 고고학자인 고든 차일드Gordon Childe는 수렵과 채집에만 의존하던 인류가 농경이라는 새로운 생산양식을 발명함으로써 인류 문화의 전기를 마련했다고 주장했다. 그는 농경의 발명을 '신석기혁명'이라고 불렀다. 이 농경의 발명이 단지 농경이라는 기술의 출현이었을까? 아니다. 고고학에서는 그것을 만들게 한 원인, 즉 정신을 중요하게 생각한다. 정신이 있기에 물질이 있는 것이다. 그렇기에 애플의 창업자였던 스티브 잡스Steve Jobs는 "인문학과 기술의 교차점에 있는 제품을 만드는 것이 목표"라고 했다. 오늘날 우리가 서양에서 받아들이는 많은 기술—아침에 일어나자마자 확인하는 스마트폰, 텔레비전, 자동차에서부터 거의 모든 것들을 작동시키는 전기에 이르기까지—과 사회제도 역시 서양의 정신문명이 만든 산물이다.

동도서기는 하나의 예일 뿐이다. 고정관념을 가지면 볼 수 있는 것은 한정되고 만다. 이미 내 마음에 정해놓은 것이 있는데, 어떻게 다른 면을 볼 수 있겠는가? 고정관념, 편견, 선입견은 내 생각의 폭, 결국 세상의 폭을 좁히는 도구들의 다른 이름이다. 물질이나 현상의 근본을 보고 그 정신의 진정성을 보는 것은 단지 서양에 대한 접근에만 해당하지 않으리라. 근본적인 물음에서 시작해야 결과를 바꿀 수 있다.

이런 질문을 해볼 수도 있을 것이다. 나는 누구인가? 나는 어떻게 살아야 할까? 단 한 번 사는 인생인데, 나의 삶을 다 바쳐 추구할 만한 가치는 무엇일까? 나는 지금 내가 원하는 삶을 살고 있을까? 경제적·사회적으로 인정받기 위해 대학과 직장이라는 코스 위를 달리는 것이 나의 최선일까? 나는 과연 그 길 위를 달리며 행복할 수 있을까? 누군가는 그 길에서 행복과 보람을 느낄 것이다. 하지만 그 길에서 계속 갈등하고 좌절하는 이도 있을 것이다. 그 길이 최선인지 아닌지는 '나'에 의해 결정되는 것이니, 다른 이가 말하는 최선에 휘둘려서는 안 된다. 모두가 말하는 현상을 내가 원하는 근본이라고 착각하지 말자. 우리가 지금 보고 실천해야 할 것은 '현상'이 아니라 '근본'이기 때문이다.

# 고전혁명을 완성하는 두 가지 단계

내 머리에 모자를 쓸 수 있는 사람은 나뿐이다.
마찬가지로 나 대신 생각을 할 수 있는 사람은 없다.

– 루트비히 비트겐슈타인Ludwig Wittgenstein –

## 관찰하기 – 세상을 깊이 살펴보다

기득권은 변화를 달가워하지 않는다. 변화가 생기면 자신이 가진 부와 명예와 편안함이 줄어들까 봐 두렵기 때문이다. 식민지를 거느렸던 제국주의도 마찬가지였다. 식민지를 계속해서 지배하는 방법은 변화하지 못하게 하는 것, 더 나아가 혁명을 일으키지 못하게 하는 것이다. 지배는 총과 칼로만 이뤄지지 않았다. 그보다 더 근본적인 방법이 따로 있었다. 바로 사람들의 의식을 잠재우는 것이다.

일제는 네 차례에 걸쳐 '조선교육령'을 개정·공포했는데, 그 목적은 너무나 분명했다. 우리 민족에게서 교육의 기회를 박탈하는 것이다. 교육령에 따라 보통학교, 고등보통학교, 여자고등보통학교, 실업학교, 사립학교 등의 학교 편제가 마련되었다. 그런데 조선인에 대한 교육 내용을 보면 일본어를 보급시키기 위한 보통교육, 농업·상업·공업 분야의 하급 직업인을 만들기 위한 실업교육, 기술을 가르치는 전문교육에 한정되어 있었다. 일제가 일본어를 가르친 것은 우리 민족의 혼을 말살하기 위함이자 말귀를 알아들을 수 있는 일꾼을 만들기 위함이었다. 기술과 실업만을 가르친 것은 그저 시키는 일만 열심히 하라는 뜻이었다. 그러니까 일제에게 조선인에 대한 교육은 충실한 노예를 육성하는 제도에 불과했던 셈이다. 뿐만 아니라 일제의 식민정책으로 성균관이 폐지되고 전국의 서당이 사라졌다. 서당에서 고전을 가르치면 칼을 찬 순사가 나타나 잡아갔다. 그리고 "조선이 고전을 읽다가 망했다"라는 유언비어가 퍼뜨려졌다. 동양의 고전은 조선을 망친 원흉이 되었고 불과 일 년 전만 해도 공자와 맹자의 사상을 읽던 아이들은 보통학교에서 생활에 필요한 지식만을 얻어야 했다.

일제는 왜 고전을 읽지 못하게 했을까? 근본을 말살하기 위해서다. 경제학의 기본 원리를 체계적으로 정리한 《맨큐의 경제학Principles of Economics》의 근본에는 애덤 스미스Adam Smith의 《국부론The Wealth of Nations》

이 있다. 마찬가지로 식민 지배에 저항하는 사고의 기반에는 동양의 고전이 자리 잡고 있다. 고전을 읽지 못하게 한 데는 생각 자체를 가로막겠다는 음모가 도사리고 있었다. 내가 왜 지배를 받고 있는지, 이 일이 왜 부당한지에 대해 아예 생각을 못 하도록 만드는 것이다. 그저 '나는 이렇게 태어났으니 이렇게 사는 수밖에 없구나' 하며 운명과 시절만을 탓하게 만들면, 저항은 생겨나지 않는다.

유학이 임금에 대한 무조건적인 충성을 강요한다고 생각하는 시각이 있다. 하지만 유가의 거인 맹자를 살펴보면 그것이 오해임을 알게 된다. 제나라 선왕이 맹자에게 물었다. "은나라의 탕왕이 하나라의 걸왕을 쫓아내고 주나라의 무왕이 은나라의 주왕을 토벌했다는데, 그런 일이 있습니까?" 맹자는 그런 일이 있다고 대답했다. 선왕은 다시 물었다. "그렇다면 신하된 자가 자신의 임금을 죽여도 된다는 말입니까?" 이에 맹자가 대답했다.

"인仁을 해치는 자를 포악하다 하고 의義를 해치는 자를 잔학하다 하며, 이 잔학하고 포악한 사나이를 한 명의 필부라고 합니다. 저는 주나라 무왕이 한 명의 필부를 죽였다는 말은 들었어도 자기 임금을 죽였다는 말은 듣지 못했습니다."

맹자는 임금이 임금 노릇을 하지 못하고 술과 여자에 빠져 백성을 괴롭힌다면, 그는 임금이 아니라 보잘것없는 사내에 불과하다고 말한 것이다. 이것은 혁명이다. 이천여 년 전, 맹자는 이미 혁명을 이야기하고 있었다.

대한민국 임시정부의 주석 김구는 9세에 한글과 한문을 배우기 시작한 후 꾸준히 《대학大學》, 《통감通鑑》 등을 읽고 과거에 응시했지만 매관매직賣官賣職의 현실에 막혀 급제하지 못했다. 1895년 김구는 동학의 기강이 무너지자 진사 안태훈을 찾아가 몸을 의탁하게 되는데 여기에서 어린 안중근을 만나고, 당시 이름 높은 유학자였던 고능선에게 한학을 배웠다. 훗날 김구가 교육사업을 통한 계몽운동에 전력을 다했던 배경에는 배움에 정진한 어린 시절이 있었던 것이다. 김구뿐이 아니다. 조선이 일제에 침략당했을 때 대부분의 의병장들은 인문고전의 수혜를 받은 사람들이었다. 이에 일제는 의병의 원천이 선비라고 생각했고, 선비의 힘은 고전에서 나온다는 사실을 깨달았다. 그래서 생각하지 않는 노동력을 얻기 위해 조선교육령을 공포했던 것이다. 그것이 고전과의 첫 번째 단절이었다.

두 번째 단절은 독립 후 미군정 중에 벌어진다. 미군정은 미국의 공립학교 교육 시스템을 우리나라에 적용했다. 우리나라, 우리 민족의 미래를 생각한 것이 아니라 그들의 교육법 중 하나를 그대로 이식했는데, 중요한 점은 이 부분이다. 미국의 사립학교에서는 고전 읽기를 굉장히 중요한 과정으로 생각하는 반면 더 낮은 수준의 교육을 제공하는 공립학교에서는 고전을 거의 읽히지 않는다는 것이다.

세 번째 단절은 독재정권 시절에 이뤄진다. 권력자는 국민의 항거로 정권이 무너지지 않도록, 즉 국민의 관심을 다른 곳으로 돌려 정권의 부당함을 생각하지 못하도록 장치를 마련해야 했다. 국가중심화와 중앙집권의 강요, 역사의식 결여, 앞만 보고 달리게 만드는 트랙 등이 그것이었다.

우리가 고전과 멀어진 배경에 침략자와 지배자의 음모가 도사리고 있었다니, 다소 과장 같은가? 분명한 사실은 우리가 고전과 멀어지면서 점차 생각하고 분별하는 능력을 잃어갔다는 것이다. 그러니 고전을 통해 세상을 깊이 관찰하자. 세상이 어떻게 돌아가고 있는지, 보여주지 않는 것과 보이지 않는 것까지 그 의도와 진실을 이해하자.

## 해석하기 – 내 머리로 생각하고 삶에 적용하다

1776년 애덤 스미스는 그의 저서 《국부론》에서 '제발 내버려두시오'라는 뜻의 '레세페르laissez-faire'를 외쳤다. 그가 레세페르를 외치며 자유방임주의를 주장한 이유는 국가권력의 간섭을 최소화하고 개인이 이윤 추구를 목적으로 자유롭게 경쟁할 때 오히려 국가의 부富가 증대된다고 믿었기 때문이다.

오늘날에도 《국부론》은 고전경제학 이론의 대표적인 저서로 손꼽힌다. 다만 스미스가 고려하지 않은 것이 있다. 바로 사람이다. 정확히 이야기하면 거대한 자본을 가진 사람이다. 우리는 뉴스에서 종종 이상한 현상을 접하게 된다. 농촌에서는 배추가 풍년인데, 소비자가 구입하는 배추의 가격에는 변동이 없다. 농촌에서 판매하는 수박 가격은 변동이 없는데, 소비자가 구매하는 가격은 오르는 경우도 있다. 이는 자본주의사회에서 자유롭게 경쟁할 수 없는 상대가 존재하기 때문이다. 바로 노동자의 노동력과 자본이다. 커다란 냉장·냉동창고를 가지고 있는 자본은 배추와 수박을 계절에 상관없이 판매할 수 있고, 시장을 통해서가 아니라 스스로 공급과 가격을 조절할 수 있다.

그렇다면 상품의 가격 폭등과 폭락의 책임이, 이런 부분을 간과하고 자유방임을 주장했던 스미스에게 있는 것일까? 현재 경제에 대한 책임을 그에게 묻는 것은 조선이 기울어진 책임을 주자학이나 고전에 묻는 것과 같다. 그의 자유방임주의는 절대군주와 영주, 독점 상인들과의 싸움이었다. 조선을 망친 것은 주자학이 아니라 그 주자학을 잘못 읽은 양반 계급이었다. 그들은 주자학을 '절대 교리'처럼 만들고, 여기에 반대하는 학문은 모두 사문난적斯文亂賊으로 몰아 핍박했다. 그런데 그 책임을 공자와 맹자가 뒤집어썼다. 조선의 유학은 이화異化된 유학이라고 불린다. 이화되었다는 것은 달라졌다는 뜻이다. 즉, 조선은 기득권층의 잘못된 정세 판단과 이익 추구로 인해 망하게 된 것이다.

그런데 또 이런 생각도 든다. 과연 기득권만의 잘못일까? 세상이 잘못 흘러가는데도 '나는 아무것도 할 수 없다'며 방관한 백성에게는 문제가 없었을까? 물론 그들은 교육의 기회를 박탈당했기에 감히 신분제와 그에 따른 폐해에 반기를 들 생각조차 할 수 없었다. 하지만 우리는 다르다. 우리는 원한다면 무엇이든 읽을 수 있고 배울 수 있고 생각할 수 있고, 고로 행동할 수 있다.

고전은 글자 그대로 해석되지 않는다. 시대에 맞게 새로운 정신으로 재편되어 새로운 활력을 불어넣는 것이 고전이다. 고전에는 인류의 역사가 담겨 있다. 우리는 고전에서 많은 인간의 아픔과 성찰을 만난다. 고전에서 세상에 대한 다양한 물음을 만나고, 새로운 답을 찾아가는 혁명적 해결 방식을 만난다. 고전의 의미는 바로 여기에 있다. 오늘의 현실이 품고 있는 문제들을 피하지 말자. 직면하자. 역사는 인간이 해결할 수 있는 문제만을 제기한다. 선대의 현자들이 그랬듯이 우리도 우리의 문제를 해결할 수 있다. 경제적 불평등, 정치적 독재, 사회적 약자를 향한 인권 탄압 등에 담긴 부조리와 문제점은 무엇인지 판단하고 바꿔나가기 위해, '나'와 수많은 '나'들의 권리를 지키고 자신이 해야 할 바를 깨닫기 위해 우리는 고전을 읽어야 한다. 나만의 프레임으로 고전을 해석하여 삶에 적용해야 한다.

내 머리에 모자를 쓸 수 있는 사람은 나뿐이라는 비트겐슈타인의 말처럼, 내 삶은 누구도 대신 살아줄 수 없다. 타인의 시선이 아닌 내 두 눈으로 세상을 보고, 타인의 프레임이 아닌 내 머리로 판단하고, 누구에게 기대지 않아도 내 두 발로 우뚝 설 수 있는 삶을 위해, 우리는 고전을 읽는다.

: 2장 :

# 뿌리 깊은 나무는 흔들림이 없다

/

## 자아혁명

뿌리 깊은 나무는 바람에 흔들리지 않고,

샘이 깊은 물은 가뭄에 마르지 않는다.

어떤 비바람이 몰아쳐도 굳건하게 나무를 지탱하는 뿌리는,

우리에겐, 자신에 대한 한없는 긍정과 믿음이다.

가뭄에도 마르지 않는 물은,

우리에겐, 끝없는 정진과 실천이다.

뿌리 깊은 나무, 샘이 깊은 물의 추구는

흔들리지 않는 나로 살기 위한 자아혁명의 출발이다.

# 흔들리지 않는 나란 무엇일까?

뿌리 깊은 나무는 바람에 흔들리지 아니할세. 꽃 좋고 열매도 많으니.
샘이 깊은 물은 가뭄에 마르지 아니할세. 시내를 이루어 바다로 흘러가느니.

**– 〈용비어천가 龍飛御天歌〉 중에서 –**

## 우리의 무한한 잠재력을 깨울 시간

갓 태어난 임팔라는 몇 시간의 노력 끝에 무릎을 세우고, 병아리는 제 부리로 알의 껍데기를 깨고 나온다. 우리 역시 태어나자마자 어머니의 젖을 찾는다. 이는 살고자 하는 생존본능이다. 그리고 또 하나의 생존본능인, 제2의 생존본능이 있다. 바로 자신이 태어난 세계에서 단순히 살아남는 것을 넘어 '잘 살아남으려는' 욕망이다. 우리는 이미 그것을 가지고 있다. 다만 그것을 깨우는 방법을 모를 뿐이다. 만약 여러분이 지금 무기력과 원망, 자책 등에 휩싸여 있다면 제2의 생존본능이 퇴화 중인지도 모른다. 이를 되살리는 시작은 스스로에 대한 믿음이다. 할 수 있다는, 해낼 수 있다는 가능성에 대한 확신이다.

《중용》은 아는 사람을 세 가지로 나눈다. "어떤 이는 나면서부터 그것을 알고(生而知之), 어떤 이는 배워서 그것을 알고(學而知之), 어떤 이는 곤고히 노력하여 알게 되지만(困而知之), 그것이 앎에 미쳐서는 한가지다." 《중용》은 다시 말한다. "남이 한 번 해서 그것에 능하다면 자신은 그것을 백 번 하고, 남이 열 번 해서 그것에 능하다면 자신은 그것을 천 번 한다. 과연 이 도에 능하다면 비록 어리석다 할지라도 반드시 밝아질 것이고 비록 유약하다 할지라도 반드시 강해질 것이다." 《중용》이 강조하는 것은 '가능성'이다. 누구든지 시간과 노력을 쏟으면 해낼 수 있다는 뜻이다. 사실 우리는 스스로를 잘 믿지 못한다. 자신이 커다란 존재라고 생각하지 않는다. 하지만 고전은 우리에게 무한한 잠재력이 있다고 말한다.

옛날에 인간은 그리스의 신과 비견되는 능력을 가지고 있었는데, 오만하게도 그 힘을 아무렇게나 사용했다. 세상은 무질서해지기 시작했고 여러 문제가 생겨났다. 이대로 두면 종말이 올지도 모를 일이었다. 결국 신들은 긴급회의를 소집했다. 그리고 만장일치로 인간이 가진 능력을 뺏기로 했다. 문제는 그다음이었다. 빼앗은 능력을 숨겨야 하는데 어디가 좋을지 도무지 생각나지 않았다. 한 신이 말하기를 세상에서 가장 높은 곳에 숨겨놓자고 했다. 그러나 다른 신들이 고개를 저었다. 인간은 어떤 높은 곳이라도 올라가 찾아낼 것이라고 했다. 그러자 다른 신이 세상에서 가장 깊은 곳에 숨기자고 했다. 그 의견도 받아들여지지 않았다. 인간은 어떤 깊은 곳이라도 찾아내고 말 것이었다. 모두가 고개를 젓고 있는데, 한 신이 말했다. "인간의 내면에 숨겨놓는 것이 어떠한가?" 모든 신들은 무릎을 치며 동의했다.

그렇다. 우리의 능력은 우리 안에 숨어 있었던 것이다. 어쩌면 신들은 능력이 없다 자책하고 부족하다며 실의에 빠진 우리를 보면서 이렇게 말하고 있을지도 모른다.

"네 안에 다 있거든?"

이제 우리 안에 살아 있는 '혁명에 대한 본능'을 깨울 시간이다.

## 척하는 것은 용기가 아니다

기원전 372년에 태어났다고 알려진 맹자는 공자보다 백 년 후의 사람이다. 유가에서 성인이라 일컬어지는 사람은 공자다. 그래서 맹자는 아성亞聖이라고 불린다. 아성이란 성인이라고 부를 수는 없지만 그에 버금가는 사람이라는 뜻이다.

맹자는 독특한 개성의 소유자였다. 비록 상대가 왕이라도 하고 싶은 말은 다 쏟아낼 정도로 소신이 강했고, 언제나 드높은 기상을 잃지 않았다. 또한 학식도 높았고 언변도 뛰어났기에 맹자와 논쟁을 벌여 이기기란 결코 쉬운 일이 아니었다. 하지만 바른말을 서슴지 않은 탓에 철저히 소외되고 말았다. 아마 맹자만큼 많은 좌절을 겪은 사람도 드물 것이다. 그는 송·제·양·노나라 등 세상을 돌아다니며 자신의 사상을 설파했지만, 어느 곳에서도 그를 받아들이지 않았다. 그럼에도 그는 굽히지 않았다.

맹자가 우리에게 들려주는 것은 용기 있는 삶이고 좌절에 넘어지지 않는 굳건함이다. 《맹자》 〈양혜왕장구梁惠王章句〉에는 그의 면모가 잘 드러나는 구절이 있다.

맹자가 제나라 선왕을 만났다. 선왕은 은근히 자신을 주나라의 성군이라 일컬어지는 문왕과 비교하고 싶었다. 선왕이 맹자에게 물었다. "주나라 문왕의 동산은 사방 70리나 되었다는데 그게 사실입니까?" 맹자는 이미 선왕의 의도를 파악했을 터였다. 하지만 짐짓 모르는 척 그와 같은 기록이 전한다고만 답했다. 그러자 선왕이 맹자에게

"그렇게 컸습니까?"라고 물었는데, 맹자는 "백성들은 오히려 작다고 생각했습니다"라고 했다. 다음에 선왕의 본격적인 도발이 시작된다. "과인의 동산은 사방 40리밖에 안 되는데 백성들은 오히려 크다고 생각합니다. 그것은 어찌 된 일입니까?" 바로 여기에서 맹자의 독설이 작렬한다.

"문왕의 동산은 70리였지만 꼴 베고 나무하는 사람들이 마음대로 드나들고 꿩과 토끼를 잡는 사냥꾼들이 마음대로 드나들어, 문왕이 백성들과 함께 쓰셨으니 백성들이 그것을 작다고 생각하는 것이 당연하지 않습니까? 제가 처음 제나라 국경에 이르렀을 때, 제나라의 금령이 무엇인가를 물어본 뒤 감히 들어왔습니다. 그때 제가 들으니 교외와 관문 사이에 사방 40리의 동산이 있는데 그 안에 있는 사슴을 잡는 자는 사람을 죽인 죄와 같이 다스리신다는 겁니다. 그렇다면 이는 바로 사방 40리의 함정을 나라 복판에 만들어놓으신 것이니, 백성들이 그것을 크다고 생각하는 것이 당연하지 않겠습니까?"

맹자의 이 대답에 선왕은 할 말을 잃었다. 선왕이 맹자에게 아무 말도 할 수 없었던 이유는 맹자의 당당함과 정당성 때문이었다.

용기란 당당함이다. 중요한 점은 내가 스스로에게 당당한가다. 내가 당당하다면 누구 앞에서도 기죽지 않을 수 있다. 그러나 내가 당당하지 못하다면 상대가 어린아이나 소양이 부족한 사람이라도 움츠러들 수밖에 없다. 흔들리지 않는 나란, 자신에게 당당한 나다. 스스로 떳떳하면 어떤 반론이나 외압에도 결코 흔들리지 않고 자신을 내세울 수 있다. 움츠러들고 흔들리는 것은 스스로도 미심쩍음을 품고 있는 까닭이다.

맹자의 용기는 흔히 호연지기浩然之氣라고 일컫는다. 호연지기란 하나의 기운이다. 그 기운은 하늘의 도와 정의에 뿌리를 둔 공명정대한 것이다. 그리고 그 기운은 스스로 키워나가는 것이다. 스스로가 정의로웠고 당당했기 때문에 맹자는 외부의 무력이나 혹독한 시련에도 능히 견뎌내며 자신의 의견을 거침없이 이야기할 수 있었다. 그는 어디서든 비굴하게 부귀와 지위를 구걸하지 않았다.

그런데 여기서 한 가지 짚고 넘어가야 할 것이 있다. 우리는 때로 용기를 혼동한다. 주목받기 위해, 용기 있는 사람처럼 보이기 위해, 아니면 남과 다른 행동을 발판 삼아 새로운 이미지를 만들기 위해 다른 이가 하지 않는 말을 하고 행동을 할 때가 있다. 다른 사람이 보면 용기 있어 보일지도 모른다. 그러나 그것은 '척'일 뿐이다.

척하는 것은 용기가 아니다. 용기는 자신에 대한 끝없는 긍정에서 시작되며, 의연한 자세로 자신의 올바른 가치를 구현하는 것이다. 맹자는 물고기도 갖고 싶고 곰 발바닥도 갖고 싶은데, 두 가지 모두 갖기 어려우므로 곰 발바닥을 얻겠다고 했다. 물고기는 삶을, 곰 발바닥은 의義를 의미한다. 맹자는 사는 것과 더불어 의로움을 바랐지만 두 가지를 함께 얻을 수 없기에 의를 취하고 삶을 버렸다.

"사는 것보다 더 깊이 바라는 바가 있기에 구차히 삶을 얻으려 하지 않는다. 죽는 것은 내가 싫어하는 바이지만 죽는 것보다 더 싫어하는 것이 있기에 환난을 피하지 않는 것이다. 만일 어떤 사람이 바라는 것 중에 사는 것보다 더 절실한 것이 없다면 그는 살기 위해 모든 방법을 쓰지 않겠는가."

여기에서 맹자가 중요하게 여기는 것은 스스로의 가치다. 그는 '존귀한 자신'이 선택한 '존귀한 가치'를 버리려 하지 않았다. 스스로의 가치를 버리면 삶은 치욕이요, 가치를 버리지 않는다면 죽음도 절실한 선택이 된다.

우리가 언제나 맹자처럼 목숨을 걸고 스스로의 가치를 지켜야 하는 것은 아니다. 하지만 적어도 행동에 앞서, 자신이 당당하고 정당한지 들여다볼 수 있어야 한다. 용기 있어 보이는 행동이 아닌 마음 깊이 우러나오는 진실한 선택이 중요하다.

## 더 큰 나를 만나는 방법

장자가 정확히 언제 태어나서 언제 죽었는지는 알려져 있지 않다. 대략 기원전 365년에서 기원전 270년 사이에 살았다고 전해질 뿐이다. 그렇다면 장자는 맹자(기원전 372년~기원전 289년)와 같은 시대를 살았던 사람이다. 장자의 삶 역시 잘 알려져 있지 않다. 사마천司馬遷의 《사기史記》와 《장자》를 통해 우리는 장자가 정부에서 경영하는 옻나무 농장의 관리인을 했다는 사실과 상당히 가난한 생활을 했다는 정도만을 알 수 있다.

《장자》에서 유래한 유명한 고사성어 중 하나가 '조삼모사朝三暮四'다. 무엇을 일러 '조삼모사'라고 할까? 원숭이를 기르는 저공狙公이 아침에 도토리 세 알을 주고 저녁에 네 알을 준다고 하니 원숭이들이 화를 냈다. 그래서 아침에 네 알을 주고 저녁에 세 알을 준다고 하니 원숭이들이 모두 기뻐했다. 하루에 도토리 일곱 알, 원숭이에게 제공되는 수는 전자나 후자나 같았다. 변한 것은 도토리의 개수가 아니라 원숭이들의 마음이었다.

우리는 이 이야기를 들으며 웃는다. 그런데 가만히 들여다보면 당장 눈앞의 이익에 기뻐하는 우리의 삶이 원숭이와 그리 달라 보이지 않는다. 전체를 보지 못하고 일부만을 볼 때의 맹점, 후에 따를 상황을 고려하지 못하는 근시안적 오류. 우리 역시 아침에 셋인지 저녁에 넷인지, 아침에 넷인지 저녁에 셋인지에 따라 일희일비하는 삶을 살아가고 있는 것은 아닐까?

생각의 각도를 살짝 바꿔보자. 만약 '조삼모사'에 나의 아집이나 주관이 들어 있다면 어떨까? 무조건 많이 받고 보는 것이 좋다는 아집으로 아침의 네 알에 기뻐하고 세 알에 화내는 것이라면? 아침의 네 알은 옳고 세 알은 그르다고 판단하는 것이라면? 세상의 존재들은 상반되고 대립되는 것이 아니라 서로 유기적으로 작용하여 조화를 이룬다. 그런데 인간은 그것에 옳고 그름의 기준을 대입한다. 그 기준이 주관적 가치판단을 일으키고, 가치판단은 사랑하고 미워하고 좋아하고 싫어하는 마음을 만들며, 그것에서 분노와 다툼이 생겨난다. 장자가 이야기하는 바는 '내가 생각하는 기준'이 옳지 않을 수도 있다는 것이다. 자기중심적 생각, 아집에서 벗어나기 위해서는 내가 알고 내가 판단하는 기준이 절대적이지 않다는 사실을 인정해야 한다.

시대와 사회의 규범 역시 상대적이다. 장자는 《장자》 〈제물론齊物論〉에서 동물과 사람을 비교하여 상대주의를 말한다. 장자의 비교를 따라가 보면 이렇다. 사람을 먼저 기준으로 삼고 미꾸라지와 원숭이, 사슴과 솔개 등을 비교해보자. 사람은 습기가 많은 곳에서 자면 허리에 병이 생긴다. 그런데 미꾸라지도 습기가 많은 곳에서 살면 아플까? 사람은 높은 나무 위에 오르면 두렵고 떨린다. 그런데 원숭이도 그럴까? 사람과 미꾸라지와 원숭이가 각기 사는 세 곳 중 어느 곳이 옳고 바른 곳인지 가늠할 수 있을까? 사람은 채소와 육류를 먹고, 사슴과 노루는 풀을 뜯어 먹으며, 지네는 실뱀을 먹고, 솔개와 까마귀는 쥐를 즐겨 먹는다. 이 먹을거리 중 어느 것이 진정한 맛인지 누가 알 수 있을까?

나의 규정과 판단은 결코 절대적일 수 없다. 이것은 옳고 저것은 그르다, 이 사람은 좋고 저 사람은 나쁘다, 우리는 버릇처럼 나를 통해 타인을 재단한다. 그런데 판단의 대상은 늘 바깥에 있고 판단의 기준은 내 안에 있다. 타인의 기준으로 타인을 이해하려 하지 않는다. 또한 타인의 기준으로 나를 규정하는 일도 쉽게 행해지지 않는다. 세상의 수많은 나는 모두 자신이 옳다고 이야기한다. 그렇다면 세상에는 수많은 나만큼의 수많은 옳음이 있다고 할 수 있다. 하지만 타인의 옳음과 나의 그름을 쉽게 인정하는 사람은 많지 않다.

경제학자 번트 슈미트Bernd Schmitt는 저서 《빅 씽크 전략Big Think Strategy》에서 통념과 성역을 깨야만 빅 씽크, 즉 큰 생각이 가능하다고 주장했다. 그가 말하는 빅 씽크란 비전을 추구하는 창조적인 사고방식을 의미한다. 슈미트의 이야기는 장자의 이야기와도 맥을 같이한다.

오직 하나의 기준을 가진 사람은 다른 기준을 만났을 때 당황하고 흔들린다. 장자는 이야기한다. 생각을 바꾸고 발상을 전환해서 세상을 보라고 말이다. 그러면 더 큰 나를 만날 수 있다. 커진 나는 다른 사람까지 품을 수 있는 여유를 가진다. 그렇게 되면 나와 다른 생각, 나와 다른 사람을 만난다 해도 동요하거나 흔들리지 않고, 포용과 조화가 가능해진다.

# 내 안의 잠든 거인을 깨워 일으키는 법

나는 나면서부터 아는 사람이 아니다.
옛것을 좋아해서 민첩하게 구하는 사람이다.

– 《논어》 중에서 –

## 불가능은 비겁한 사람의 도피처다

1620년 출판된 프랜시스 베이컨Francis Bacon의 《신논리학Novum Organum》 표지에는 지브롤터해협을 항해하는 범선이 등장한다. 신화에 의하면 지중해와 대서양을 연결하는 지브롤터해협은 본래 막혀 있었다. 이 해협에 길을 낸 신화 속 인물은 헤라클레스다. 그리스 최고의 신 제우스와 인간 알크메네 사이에서 태어난 그는 제우스의 아내 헤라의 미움을 받는다. 헤라의 저주로 정신착란을 일으킨 헤라클레스는 큰 잘못을 저지르게 되고, 그 죄를 씻기 위해 열두 가지의 일을 하게 된다. 그중 열 번째가 괴물 게리온의 소를 생포하는 것이었다. 임무를 수행하기 위해 항해하던 헤라클레스는 산으로 막혀 있는 곳에 도달했다. 그때 그가 산을 부수고 길을 낸 것이 바로 지브롤터해협이다. 그래서 지브롤터해협 동쪽 끝에 있는 두 개의 바위기둥을 '헤라클레스의 기둥'이라고 부른다.

그런데 베이컨은 왜 자신의 책 표지에 지브롤터해협을 항해하는 범선을 등장시켰을까? 헤라클레스가 산을 부수기 전까지 인간은 그 앞에서 더 나아가지 못하고 되돌아가야 했다. 산은 넘을 수 없는 장애물이었고, 극복할 수 없는 한계였다. 하지만 헤라클레스로 인해 한계는 깨지고 만다. 즉, 베이컨은 한계를 부수고 더 넓은 세계로 나아가고자 하는 정신을 표현한 것이다.

공자에게 제자인 염구가 말했다. "선생님, 저는 선생님의 도를 좋아하지 않는 것이 아닙니다. 다만 힘이 부족할 뿐입니다." 그 말을 듣고 공자가 답하길, "정말로 힘이 모자라면 중도에 그만둘 수밖에 없다. 그러나 너는 스스로 한계를 긋고 있을 뿐이다"라고 했다. 공자는 스스로 한계를 정한다는 의미로 '그을 획劃'을 사용한다. 우리 역시 삶에서 수없이 많은 획을 긋고 있는지 모른다. 할 수 있는 것과 할 수 없는 것의 경계선, 될 수 있는 것과 될 수 없는 것의 경계선을 그어놓고 스스로 한계를 짓고 있는지도 모른다. 우리가 살면서 마주치는 장애물은 스스로 쌓아 올린 벽인 경우가 허다하다.

니체는 인류에게 새로운 장을 열어주기 위해 "신은 죽었다"라고 선언했다. 그러나 그를 무신론자로 단정하는 것은 옳지 못하다. 선언의 참의미는 신의 존재 유무에 대한 논의가 아니라 '현실을 직시하고 자아를 찾으라'는 주문에 있기 때문이다. 니체의 말이 향한 곳은 신이 아니라 신을 믿는 사람들이었다. 신의 대리인을 자처하며 폭군처럼 군림하는 사람들, 믿음이라는 명분하에 자신의 생각과 삶은 내팽개친 사람들을 향한 외침이었던 것이다. 니체가 신은 죽었다고 한 것은, 나를 내려다보며 지배하고 조종하는 절대가치가 사라졌으니 자아를 찾으라는 주문이었다. 하지만 인간은 계속해서 또 다른 절대가치들을 만들어내고, 맹목적으로 자신을 맡기려고 한다. 그런 이들에게 니체는 강력하게 말한다.

"인간은 초극超克되어야만 할 그 무엇이다. 너희는 인간을 초극하기 위해 무엇을 했는가? 이제까지 모든 존재는 자신을 능가하는 무엇인가를 창조해왔다. 너희는 그 위대한 조수의 썰물이 되길 원하며, 인간을 초극하기보다 오히려 짐승으로 되돌아가고자 하는가? 인간에게 원숭이란 어떤 것인가? 하나의 웃음거리 혹은 괴로운 수치다. 그리고 초인에게는 인간 또한 바로 그러할 것이다. 하나의 웃음거리 혹은 괴로운 수치다. 너희는 벌레로부터 인간으로 이르는 길을 걸어왔으되, 아직도 너희 내부의 많은 것들이 여전히 벌레다. 예전에 너희는 원숭이였고 지금도 너희는 여전히 여느 원숭이보다 더한 원숭이인 것이다."

니체에 따르면 우리가 믿고 따를 대상은 바로 인간 자신, 인간을 초극한 인간인 초인이다. 초인이란 '자신을 가두지 않는 자'다. 그러므로 초인이 되기 위해서는 자신을 명확히 알아야 한다. 자신의 무엇을 극복해야 할지를 알게 되기 때문이다. 그렇다면 초인이 되는 방법은 명확해진다. 자신을 알고 그 자신을 극복하는 것이다. 그것을 말한 이가 니체였다. 고전은 그런 것이다. 하지 말라고 하지 않고, 시도하고 도전하라고 독려한다. 그리고 시도와 도전은 혁명과 혁신을 부른다.

혁명革命과 혁신革新에는 모두 '가죽 혁革' 자가 들어간다. 가죽이 무엇이기에 대변혁을 의미하게 되었을까? 중국 후한 때 만들어진 문자해설서《설문해자說文解字》는 "짐승의 가죽에서 그 털을 다듬어 없앤 것을 혁이라 한다"라고 풀이한다. 짐승의 가죽은 털을 뽑은 후에 가죽을 부드럽게 만드는 무두질을 거쳐야만 사용할 수 있다. 그래서 '혁'은 고치고 새로워진다는 뜻을 가진다.

비록 거칠고 보잘것없어 보이지만 다듬으면 귀한 가죽이 될 수 있는 것이 바로 '나'라는 사실. 자아혁명은 이를 아는 데서 시작된다. 처음 혁명이라는 말을 들었을 때, 우리는 먼저 그 단어의 무게에 눌리고 만다. 그러나 그 단어가 자신에게 내재되어 있음을 아는 순간, 우리는 혁명을 쉽게 시도할 수 있다.

하워드 슐츠Howard Schultz 스타벅스 전 CEO는 뉴욕 브루클린의 빈민가에서 태어났다. 그는 어려운 가정 형편 때문에 어린 시절부터 온갖 아르바이트를 전전하며 간신히 생계를 이어가야 했다. 그나마 미식축구 장학생으로 선발되지 않았다면 대학 진학은 꿈도 꾸지 못할 일이었다. 그런데 하루하루의 생존이 당면 과제였던 그가 어떻게 세계적인 기업가로 우뚝 설 수 있었을까?

슐츠는 한계를 거부했다. 자신을 현재의 삶에 가두지 않고 특유의 도전 의식으로 삶의 영역을 넓혀나갔다. 삶의 전부였던 운동을 포기하고 커뮤니케이션을 전공한 것부터가 그랬다. 1976년 복사기 판매업체인 제록스에 취직해서는 삼 년 만에 최고의 세일즈맨으로 등극했고, 1979년에는 한 가정용품업체로 옮겨 부사장 자리까지 오르게 되었다. 그런데도 또다시 스스로의 삶을 뛰어넘었다. 우연한 기회로 아직 커피 원두 판매업체에 불과했던 스타벅스의 존재를 알게 된 뒤, 1982년 마케팅 담당 이사로 이직하는 모험을 감행한 것이다.

자신의 분야에서 거인으로 우뚝 선 이들은 모두 한계와의 처절한 싸움을 소리 높여 강조한다. 고대 로마의 철학자 마르쿠스 툴리우스 키케로Marcus Tullius Cicero는 "끝나버리기 전에는 무슨 일이든 불가능하다고 생각하지 마라"라고 말했다. 나폴레옹Napoléon은 "불가능은 소심한 자의 환상이요, 비겁한 사람의 도피처"라고 일갈했으며, 네덜란드의 철학자 바뤼흐 스피노자Baruch Spinoza는 "자신은 할 수 없다고 생각하는 동안은 사실은 그것을 하기 싫다고 다짐하는 것"이라고 설파했다. 이 정신은 현대의 거인에게도 고스란히 계승되어 칼리 피오리나Carly Fiorina HP 전 CEO는 다음과 같이 조언한다.

"스스로 한계나 앞으로 벌어질 일들에 대해 미리 결정하지 마라. 인생의 가장 큰 장애물은 일을 시작하기도 전에 스스로 한계를 정하는 것이다. 사람은 자신이 생각하는 것보다 훨씬 더 거대한 잠재력을 가지고 있다."

여러분은 어떤 일을 시작하기도 전에 지레 겁을 먹고 뒷걸음친 적은 없는가? 실패가 두려워 시도조차 하지 않고 주저앉지는 않았는가? 자신이 할 수 있는 영역의 울타리를 쳐놓고 그 안에만 머물며 애써 만족하진 않았는가? 모든 고전은 입을 모아 말한다. '할 수 없는 일'은 없다고, 오직 '하지 않는 일'만 있을 뿐이라고. 스스로 그어놓은 획을 지워라. 한계를 짓지 않을 때, 새로운 자신이 시작된다.

## 나 자신을 먼저 알아야 하는 이유

아우렐리우스 아우구스티누스Aurelius Augustinus는 초대 그리스도 교회가 낳은 위대한 철학자이자 사상가다. 하지만 어렸을 적 그를 알던 사람도, 청년기를 지켜본 사람도, 그가 수사학 선생일 때 만난 사람도, 그 누구도 아우구스티누스가 새로운 사상을 탄생시키는 거인이 되리라고는 상상하지 못했다. 공부는 뒤로한 채 놀기에 바쁘고, 연애에 빠져 살며, 헛된 공명에 거드름을 피우던 그였기 때문이다. 도대체 그에게 무슨 일이 일어났던 것일까?

방탕과 방종은 즐거움을 줄지는 모르지만 안정을 주지는 못한다. 순간의 쾌락이 지나고 나면 이내 크나큰 상실감이 자신을 집어삼킨다. 아우구스티누스도 그러했던 모양이다. 32세의 어느 날 밤, 그에게 "책을 들어서 읽어라"라는 목소리가 들려오는 듯했다. 아우구스티누스는 이를 하느님의 계시라고 생각하며 성서를 펼쳤다. 그의 눈에 들어온 구절은 공교롭게도 지난날 방탕했던 자신의 모습을 일깨우는 문장이었다. 그 순간, 아우구스티누스는 이전의 삶을 버리고 새롭게 태어났다.

이후 아우구스티누스는 자서전 《고백록Confessions》을 통해 "밖으로 나가지 마라. 그대 자신 속으로 돌아가라. 인간 내면에 진리가 자리 잡고 있다"라고 서술한다. 아우구스티누스 철학의 특징은 이처럼 자기 자신을 사유의 대상으로 삼는다는 데 있다. 그는 다른 곳에서 무엇을 찾으려 하지 않았다. 오직 자신에게 일어났던, 자신이 행했던 일들만이 자신을 만나고 이해하는 길이었다. 생각의 출발점이 자신이었던 것이다. 그에게 진리는 자신을 향한 시각 속에서 얻어질 수 있는 것이었다. 아우구스티누스에게 중요한 것은 자신의 내면을 들여다보는 시각을 가진 인간, 스스로를 자기가 경험한 대로 드러내는, 있는 그대로의 인간이었다. 결국 답은 자기 자신에게 있다.

용수보살이라고 불리기도 하는 나가르주나Nāgārjuna는 인도의 좋은 집안에서 태어났다. 하지만 평온하고 안정된 생활이 따분해진 그는 친구들과 함께 은신술을 배웠다. 그와 친구들은 은신술로 왕궁에 잠입하여 범죄를 저질렀다. 그러나 다시 왕궁에 침입했을 때 한 현명한 신하에 의해 나가르주나와 친구들은 꼬리가 잡혔는데, 나가르주나는 가까스로 몸을 피할 수 있었지만 친구들은 모두 칼을 맞아 죽었다. 이 광경을 지켜보던 나가르주나는 큰 깨달음을 얻는다. 모든 재앙의 뿌리, 모든 괴로움의 근본이 욕망이라는 것을 말이다. 그리고 이 나가르주나로부터 불교는 자신의 깨달음을 목표로 하는 소승불교에서 나아가, 자신의 깨달음을 통해 중생을 구제하는 것을 목표로 하는 대승불교로 발전하게 된다.

고대 그리스 델포이의 아폴론 신전 기둥에는 "너 자신을 알라"라는 글귀가 새겨져 있었는데, 소크라테스Socrates는 이 말을 철학의 출발점으로 삼았다. 자신의 무지를 아는 철학적 반성이 소크라테스의 철학이었다. 이처럼 철학자들은 자신을 들여다봄으로써 잠든 거인을 발견했다. 그 거인이 재앙의 뿌리일 때는 엄히 다스려 거듭나게 했고, 그 거인이 희망의 씨앗일 때는 적극 독려하여 꽃을 피우도록 했다. 그런데 우리는 내가 아닌 타인으로부터 시작하는 경우가 많다. 남이 나를 알아주지 않는다고 서운해하고 화를 내거나 좌절한 적도 있을 것이다. 하지만 내가 나를 아는 것이 그 무엇보다 우선임을 잊어서는 안 된다. 우리는 자신으로부터 일어나는 모든 문제를 바라볼 수 있어야 하고, 자신의 모든 가능성을 깨달을 수 있어야 한다.

## 행운은 준비된 자에게만 미소 짓는다

세계적으로 유명한 뉴턴 학자인 리처드 웨스트폴Richard Westfall은 뉴턴의 전기인 《프린키피아의 천재The Life of Isaac Newton》에서 뉴턴이 만유인력의 법칙을 밝혀낸 것은 우연이 아니라고 말한다. 웨스트폴이 묘사한 뉴턴은 천재가 아니라 평범한 인간이었다. 다만 한 가지 다른 점이 있다면 준비된 사람이었다는 사실이다. 뉴턴은 한가롭게 사과나무 아래에 앉아 떨어지는 사과가 만유인력의 법칙을 가르쳐줄 때까지 기다리지 않았다. 그가 만유인력의 법칙을 발견할 수 있었던 것은 항상 노력하는 성실한 자세 덕분이었다. 프랑스의 화학자 루이 파스퇴르Louis Pasteur도 "행운은 준비된 자에게만 미소 짓는다"라고 하지 않았던가.

평소에 끊임없이 자신을 단련하고 준비해야 한다. 실천이 뒷받침되지 않는 말과 생각으로는 변화를 이룰 수 없다. 특히 공자는 말보다 실천을 중요히 여겼다. 공자의 제자 중에 재아라는 이가 있었다. 그는 실천보다 말이 앞서는 사람이었던 듯하다. 재아가 낮잠을 자는 모습을 보고 공자는 탄식한다. "썩은 나무에는 조각을 할 수 없고 분토로 된 담장에는 흙손을 댈 수 없다. 재아에게 무슨 꾸지람을 하겠는가? 처음 나는 사람을 대함에 그 말을 듣고 그 행동을 믿었으나 지금은 사람을 대함에 그 말을 듣고 그 행동을 살핀다. 재아로 인해 내가 이렇게 바뀌었다."

말과 행동이 일치하지 않는다는 것은 말을 실천하지 않았다는 의미이며, 이는 결국 자신을 다스리지 못했다는 뜻이다. 《대학》의 중요한 내용 중 하나가 바로 '수신제가치국평천하修身齊家治國平天下'다. 집안을 다스리고 나라를 다스리고 천하를 평안하게 하는 첫걸음이 바로 자신을 닦는 일이라는 것이다. 이처럼 동양의 고전은 자신을 다스리는 것에 방점을 찍고 있다. 공자가 주장한 인仁의 개념도 자신을 다스리는 것과 맞닿아 있다. 공자의 제자인 안회(안연)가 공자에게 인이 무엇인지 물었을 때, 공자는 자신을 이기고 예로 돌아간다는 '극기복례克己復禮'라고 답했다. 자신을 이기는 일은 자신을 다스림으로써 가능하다.

서양에서 가장 성실하게 자신을 다스린 사람을 꼽으라면 그중 한 명은 이마누엘 칸트Immanuel Kant일 터다. 서양철학의 새로운 시대를 열었던 그는 생활이 엄격하기로도 유명했다. 아침에 일어나 차를 마시고 책을 집필하고 강의를 하고 밥을 먹고 산책을 하는 칸트의 일상은 톱니바퀴처럼 정확했다. 칸트가 회색 코트를 입고 등나무 지팡이를 들고 집을 나서 '철학자의 길'을 걸을 때, 사람들은 그때가 3시 30분임을 알았다. 칸트의 일과를 보고 이웃들이 멈춘 시계의 시간을 맞췄다는 일화는 유명하다.

칸트의 또 다른 특징은 조급하지 않았다는 점이다. 그는 뚜벅뚜벅 자신의 길을 걸어갔다. 그가 앞으로 나아갈 길을 결정한 시기는 22세가 되던 해다. 그리고 평생 동안 그 길을 걷기로 결심했다. 그 결심이 기나긴 무명의 시간을 견디게 한 힘인지도 모른다. 칸트는 십오 년 동안 시간강사에 불과했고, 두 번이나 정교수 임용에서 탈락했다. 46세가 되어서야 간신히 논리학과 형이상학 교수가 될 수 있었다. 하지만 그는 초조해하지도 조급해하지도 않고 묵묵히 걸었다. 그리하여 1781년, 57세의 나이에 서양 지성사에 큰 획을 그은 저서《순수이성비판Kritik der reinen Vernunft》을 완성할 수 있었다.

변화하고 싶다면 끊임없이 자신을 발전시켜야 한다. 물론 노력에는 시련이 따른다. 날개 없는 선풍기를 만든 제임스 다이슨James Dyson이 그랬다. 모두가 선풍기에는 날개가 있어야 한다고 생각할 때, 그는 날개 없는 선풍기를 개발했다. 먼지봉투 없는 진공청소기를 개발하기 위해 5127개의 시제품을 만들기도 했다. 다이슨이 상식을 뛰어넘는 제품을 선보일 수 있었던 이유는, '발상의 전환'과 어떤 시련이나 고난에도 '흔들리지 않는 자아'라는 두 가지 혁명의 요소를 가지고 있었기 때문이다. 바로 그것이 그를 영국의 스티브 잡스로 불리게 했다.

맹자는 말한다. "순임금은 밭 가운데서 등용되었고, 부열은 성벽 쌓는 일을 하다가 등용되었으며, 교력은 생선과 소금 파는 일에서 등용되었고, 관중은 감옥에서 등용되었으며, 손숙오는 바닷가에서 등용되었고, 백리해는 시장 바닥에서 등용되었다. 그러므로 하늘에서 그러한 사람들에게 큰일을 맡기는 명을 내리려면 반드시 먼저 그들의 심지를 괴롭히고, 그들의 근육을 수고롭게 하고, 그들의 육체를 굶주리게 하고, 그들 자신에게 아무것도 없게 해서 그들이 하는 것이 그들이 해야 할 일과는 어긋나게 만드는데, 그것은 마음을 움직이고 자신의 성질을 참아서 그들이 해내지 못하던 일을 더 많이 할 수 있게 해주기 위해서다."

시련이 있는 이유는 큰일을 하기 위해서다. 그러나 우리는 자신을 믿지 못한다. 자신을 다스리고 실천하는 데 가장 걸림돌이 되는 것은 자신에 대한 불신일지도 모른다. 동양에는 인간의 본성에 대한 고민이 있어왔다. 인간의 본성은 착하다고도 했고, 인간의 본성은 악하다고도 했고, 인간의 본성은 사람마다 달라 착한 사람도 있고 악한 사람도 있다고 했다. 그러나 여기에는 한 가지 공통점이 있다. 이들 주장은 모두 인간을 긍정하고 있다는 점이다.

중국 전국시대 유학자인 순자荀子는 성악설, 즉 인간의 본성이 악하다고 주장했다. 그에 의하면 인간은 욕망과 생의 충동으로 자신의 이익을 추구하는 존재다. 이런 속성은 사회를 혼란시키고 싸움을 만들고 도덕을 파괴한다. 그렇다면 순자는 인간을 긍정하지 않았던 것일까? 아니다. 순자가 궁극적으로 주장하고 싶었던 것은, 비록 인간이 그런 본성을 타고났지만 변할 수 있다는 사실이다. 그는 악한 본성을 가진 인간이 성인이 될 수도 있다고 주장했다. 이것이 인간에 대한 긍정이 아니고 무엇이겠는가?

순자의 반대편에는 맹자가 있다. 맹자는 인간이 본래부터 선하다는 성선설을 주장했다. 그는 "인성의 선함은 물이 아래로 흐르는 것과 같으니, 선하지 않은 사람이 없으며 아래로 흘러가지 않는 물이 없다"라고 강조한다. 맹자에 따르면 우리에게는 측은해하는 마음인 측은지심, 옳지 못함을 부끄러워하고 착하지 못함을 미워하는 수오지심, 사양하는 마음인 사양지심, 옳고 그름을 가리는 시비지심이 있다고 한다. 그렇다면 세상에는 다툼과 미움이 없어야 하는데, 우리는 갈등과 불안의 시대를 살고 있다. 왜일까? 맹자는 이를 '우산지목牛山之木'의 이야기를 통해 설명한다.

우산의 나무는 아름다웠다. 그런데 도끼로 그 나무들을 찍어냈으니 결국 산은 아름다워질 수 없었다. 밤낮으로 풀과 나무가 자라나고, 비와 이슬의 윤택함을 받아 싹이 돋는 일이 없지는 않았지만, 소와 양을 끌어다가 또 그것이 자라는 족족 먹이곤 했다. 그래서 밋밋해진 것이다. 사람들은 그 밋밋한 모양을 보고는 거기에는 재목이 있어본 일이 없었다고 생각한다. 그러나 그것이 어찌 산의 본성일까? 사람에 들어 있는 본성인들 어찌 인의를 따르는 마음이 없을까? 자기 본래의 마음을 베어버리는 일은 도끼로 나무를 찍는 것과 같다.

산의 나무를 가꿔야 하는데 찍어버리고, 싹이 날 만하면 소와 양으로 하여금 먹게 하는데 언제 나무가 자라 산을 푸르게 할 수 있을까? 결국 내가 그렇게 했기 때문이다.

맹자의 말을 다르게 표현하면 자신이 가진 무한한 가능성을 잘 키우기만 한다면 무엇이든 될 수 있다는 것이다. 결국 맹자와 순자는 모두 인간을 무한히 신뢰하고 있다. 우리 역시 자신을 신뢰하고 긍정해야 한다.

한편 애덤 스미스나 공리주의자 제러미 벤담Jeremy Bentham은 인간의 이기심에 주목했다. 그들에 따르면 인간은 이기심을 가지고 쾌락을 추구하며 고통을 피하려고 한다. 그러나 그들도 인간을 부정하지는 않았다. 더 나아가 《자유론On Liberty》을 쓴 존 스튜어트 밀John Stuart Mill은 인간은 자신을 결정할 수 있는 존재라고 여겼다. 밀에게 인간은 이성적인 존재다. 때문에 인간은 자신이 어떤 사람인지, 어떻게 살지를 결정할 수 있는 자유가 있다. 자신의 자유의지를 자신을 나아가게 하는 열정에 바칠 것인가, 아니면 자신의 한계를 긋는 패배주의에 빠질 것인가. 그 선택권은 우리에게 있다.

세계적으로 10억 장 이상의 음반을 판매한, 20세기 최고의 밴드 비틀스The Beatles는 열정을 버리지 않았다. 비틀스의 시작은 보잘것없었다. 존 레넌John Lennon, 폴 매카트니Paul McCartney, 링고 스타Ringo Starr, 조지

해리슨George Harrison은 낙후된 도시 리버풀에서 태어났다. 존 레넌의 아버지는 부두에서 잡일을 했고 링고 스타는 끝없는 가난에 시달려야 했다. 그들은 제대로 된 음악 교육을 받은 적도 없었다. 하지만 비틀스는 가장 위대한 밴드가 되었다. 그 이유는 그들이 지칠 줄 모르는 열정을 가지고 있었기 때문이다. 이들은 자신을 믿었고, 그 길을 묵묵히 걸어갔다.

뿌리 깊은 나무는 바람에 흔들리지 않는다 했다. 어떤 비바람이 몰아쳐도 굳건하게 나무를 지탱하는 뿌리는, 우리에겐, 자신에 대한 한없는 긍정과 믿음이다. 샘이 깊은 물은 가뭄에 마르지 않는다 했다. 가뭄에도 마르지 않는 물은, 우리에겐, 끝없는 정진과 실천이다. 매 순간 스스로를 믿자. 그리고 자신의 두 발로 나아가자. 그 길의 끝에 여러분이 원하는 삶이 기다리고 있을 것이다.

## ‘실수’와 화해의 악수를, ‘실패’와 격려의 포옹을

잠시 아프리카 초원으로 떠나보자. 아프리카 최고의 사냥꾼은 누구일까? 최고 시속 120킬로미터의 달리기 챔피언 치타일까? 아니면 역시 동물의 왕 사자일까? 정답은 리카온이다. 그들의 성공 비결은 조직적인 플레이와 장거리를 뛸 수 있는 체력이다. 하지만 리카온의 사냥 성공률도 40~70퍼센트다. 사냥에 실패하면 리카온 무리는 굶어야 한다. 그러나 그들에게 좌절 따위는 없다. 성공과 실패 모두 일상일 뿐, 다시 사냥에 나설 것이다.

하지만 우리는 어려서부터 확률 100퍼센트의 성공 신화에 길들여져 있기에 목표를 향해 전력으로 질주하다가 막상 실패하면 심한 좌절감에 빠져든다. 원래부터 성공 확률이 100퍼센트가 아니었음에도 불구하고 자신이나 세상을 탓하며 주저앉는다. 성공도 실패도 인생의 긴 세월 속에서 보면 자연스러운 일상일 뿐이다. 성공했을 때 누리게 될 기쁨만을 상상하기보다는 실패했을 때 딛고 일어서는 법을 배워야 한다. 물론 실패는 아프다. 하지만 사냥에 실패한 리카온은 굶주림을 참으며 또다시 사냥을 시작한다. 어떤 시련이 닥치더라도 마음을 다잡아 딛고 일어설 수 있는 방법, 우리는 그 방법을 어디에서 배울 수 있을까?

장기판을 한번 들여다보자. 장기판에는 다른 말보다 크기가 훨씬 큰 대장 말이 있다. 하나는 '초楚'라고 쓴 것이고, 다른 하나는 '한漢'이라고 쓴 것이다. 이는 중국 진나라가 망한 후 천하를 차지하기 위해 다퉜던 초왕 항우項羽와 한왕 유방劉邦을 상징한다. 그중 항우는 승승장구했지만 결국 유방에게 패해 죽고 만다.

사마천의 《사기》 〈항우본기項羽本紀〉에 의하면 항우는 부칠 땅 한 평도 없이 시골에서 일어나 삼 년 만에 5국의 군대를 거느리고 진을 멸한 후, 천하를 나눠 제후들을 봉했으며, 패왕霸王을 칭하고 천하를 호령했다. 비록 그 자리를 끝내 지키지는 못했으나, 과거 이래로 일찍이 없었던 일이다. 항우는 자신의 공을 자랑하고, 자신의 지모智謀만 믿고 옛 선례를 따르지 않았으며, 무력으로 천하를 경영하려고 하다가 오 년 만에 나라를 잃은 후 스스로 목숨을 끊고 말았다. 그래도 그는 자신의 잘못을 깨닫거나 자책하는 마음이 없었다. 그는 최후의 순간까지도 "하늘이 나를 망하게 한 것이지 용병을 잘못한 때문이 아니다"라고 억울함을 표했다. 이에 사마천은 항우를 "참으로 어리석은 사람이 아닌가?"라며 반문한다.

항우의 실패는 무엇 때문이었을까? 문제는 몇 차례의 실수에서 자신을 돌아보지 않았고 실패에서 일어나려 하지 않았다는 데 있다. 당나라의 시인 두목杜牧은 항우가 자살을 선택한 오강烏江에서 〈제오강정題烏江亭〉이라는 시를 읊었다. "승패란 병가에서 기약할 수 없는 일이니, 부끄러움을 안고 참을 줄 아는 것이 사나이라네. 강동의 젊은이 중에는 준재가 많으니, 흙먼지 일으키며 다시 쳐들어왔다면 어찌 되었을까?" 여기에 '권토중래捲土重來'라는 말이 등장한다. 두목이 아쉬워한 것은 항우가 실패를 딛고 일어났다면 패권을 얻을 수 있었다는 점이다. 이후 '권토중래'는 실패했지만 힘을 길러 다시 그 일에 착수함을 이르는 말이 되었다.

우리 안의 잠든 거인을 깨웠다 해도 혁명은 끝나지 않는다. 그가 넘어지지 않도록, 또한 넘어지면 다시 일어나도록 독려해야 한다. 실수하지 않고 실패하지 않는 것보다 더 중요한 일은 실수와 실패를 극복하는 일이다. 스티브 잡스는 "가끔은 혁신을 추구하다가 실수할 때도 있다. 하지만 빨리 인정하고 다른 혁신을 개선해나가는 것이 최선"이라고 말한 바 있다. 지금껏 금기시했던, 결코 가까이하지 않으려 했던 '실수'와 화해의 악수를, '실패'와 격려의 포옹을 나누자. 우리가 바라는 성공은 그 실수와 실패 뒤에서 우리를 기다리고 있을 것이다. 일찍이 토머스 에디슨Thomas Edison은 말했다. 많은 인생의 실패자들은 포기할 때 자신이 성공에서 얼마나 가까이 있었는지 몰랐노라고.

# 자아혁명을 완성하는 네 가지 단계

변화는 또 다른 변화를 마련한다.

– 니콜로 마키아벨리Niccoló Machiavelli –

## 생각하기 – 생각은 또 다른 생각을 낳는다

한 기업의 CEO는 회의 때마다 고민이었다. 아이디어가 필요하지만 직원들이 좀처럼 입을 열지 않았기 때문이다. 방법이 없을까, 고심을 거듭한 끝에 CEO는 한 가지 제안을 했다. 어느 부분이라도 좋으니 《사기》의 한 대목을 읽고 회의에 참석하라는 것이었다. '뜬금없이 《사기》라니?' 직원들은 의아했다. 그런데 얼마 후 놀라운 변화가 일어났다. 어색한 침묵만 흐르던 회의실에서 아이디어가 쏟아지기 시작한 것이다. 고전을 읽은 시간은 고작 하루 10분에 불과했다.

하지만 그 10분이 회의의 질을 높였을 뿐만 아니라 직원들의 참여를 유도했고, 결과적으로 조직 전체에 생기를 불어넣었다.

고전이 무엇이기에 이런 일이 벌어진 것일까? 고전은 구체적인 문제에 대한 직접적인 해답을 주지는 않는다. 고전은 생각하게 하는 힘을 길러주는 것이다. 《탈무드Talmud》는 "한 마리의 생선을 주면 한 끼의 식량이 되지만 고기 잡는 법을 가르치면 평생의 식량이 된다"라고 이야기한다. 마찬가지로 고전으로 우리가 얻을 수 있는 것은 하나의 문제에 대한 해답이 아니라 어떤 문제를 만나도 그것을 풀어낼 수 있는 생각의 방법과 힘이다.

우리가 길러야 할 것은 무엇보다도 생각의 힘이다. 중국 속담에 생각은 우물을 파는 것과 닮아서 처음에는 흐려져 있지만 차차 맑아진다고 했다. 생각을 할수록 생각이 점점 뚜렷해지고 선명해진다는 뜻이다. 이때 주의할 점은 생각과 공상, 망상을 구분할 줄 알아야 한다는 것이다. 그저 아무 생각이나 하면 되는 것이 아니다. 생각에는 체계가 있어야 한다.

생각의 체계란 무엇인가? 음악을 예로 들면 쉽다. 음악은 높낮이와 박자를 구분하는 몇 개의 음표로 표현된다. 사용되는 도구는 단순하지만 음의 높낮이와 길고 짧음의 원리, 즉 음악의 체계를 모른다면 결코 음악을 만들어낼 수 없다. 체계 없는 음표의 조합은 소음일 뿐이다. 언어도 마찬가지다. 우리는 외국어를 배울 때 발음과 단어, 문법을 배운다. 발음과 단어는 도구이자 소재이고 문법은 체계다. 만약 문법은 모른 채 발음과 단어만 안다면 제대로 된 의사소통은 불가능하다. 화장실이 어디냐고 묻고 싶은데 '화장실, 부엌, 먹는다, 집' 같은 단어만 나열한다면 상대가 이해할 수 있을까?

고전이 우리에게 알려주는 것은 생각의 체계이며, 지금껏 가지고 있던 생각을 확장시키고 깊이 있게 만들어 전에 생각하지 못했던 것들을 생각해내게 하는 방법이다. 일례로 '화쟁和諍 사상'을 주장한 원효元曉를 통해 우리는 통합적인 사고를 배울 수 있다. 코끼리 한 마리가 있다. 어떤 이는 다리만을 만진 다음 코끼리는 굵고 짧은 원통 모양이라 하고, 어떤 이는 코만을 만진 다음 코끼리는 길고 가는 밧줄 모양이라 한다. 하지만 완전한 코끼리는 코와 다리와 몸통 등이 모두 합쳐져야만 한다. 서로 다른 쟁론을 화합시키고자 했던 화쟁 사상은, 일부만 보고 전체를 짐작하는 편협한 사고에서 벗어나게 하는 이론이자 생각 체계인 셈이다.

고전을 읽는 것은 그 자체가 생각의 과정이 된다. 말하자면 이렇다. 궁금한 것이 있어 인터넷을 검색해봤다. 즉시 답이 나오니 그대로 받아들인다. 왜 그런 답이 나왔는지는 생각하지 않는다. 다음에 비슷한 의문이 생기면 또 인터넷을 검색한다. 이런 식의 답 찾기는 지식의 양은 늘릴 수 있을지 모르지만 생각하는 힘은 결코 기를 수 없는 방법이다. 조금만 질문이 달라져도 또다시 인터넷의 힘을 빌려야 한다. 하지만 고전에서 답을 찾는 것은 나의 의문을 고전 속 질문에 대입하여 '스스로 답을 생각하는 과정'이다. 인터넷 검색보다 훨씬 오랜 시간이 필요하고 읽기도 불편하지만, 이렇게 한번 답을 구하고 나면 이후에는 스스로 답을 찾는 일이 가능해진다. 이미 자신의 머릿속에 해답을 찾아가는 지도가 그려졌기 때문이다. 생각이 또 다른 생각을 낳는 셈이다. 이것이 바로 고전이 선사하는 생각의 확장이다.

## 질문하기 – 질문으로 나의 생각을 키우다

프랑스의 수학자이자 철학자인 르네 데카르트René Descartes는 의심과 질문으로 자신의 철학을 완성해나갔다. 그는 자신이 의심할 수 있는 모든 것을 의심했다. 의심과 의심을 거듭해도 부정할 수 없는 진리를 찾고 싶어 했다. 결국 데카르트는 의심할 수 없는 존재를 찾는 데 성공했다. 아무리 의심해도 지금 의심을 하고 있는 자신은 부정할 수 없었던 것이다. 그리고 데카르트는 마침내 그의 철학을 대표하는 한

마디인 “코기토, 에르고 숨Cogito ergo sum”, 즉 “나는 생각한다, 고로 존재한다”라는 말을 내뱉는다.

데카르트가 던진 것은, 진리에 대한 질문이었으며 존재에 대한 질문이었다. 그가 답을 찾을 수 있었던 이유는 질문을 던졌기 때문이다. 이는 무척이나 간단한 이치다. 그러나 우리는 질문에 익숙하지 않다. 어쩌면 질문을 무지의 발현이라 여겨 부끄러워하는지도 모르겠다. 하지만 순자는 “묻는 것을 즐겨 하면 너그럽다. 군자의 배움은 묻는 것을 주저하지 않는 것이다”라고 했다. 우리가 극복해야 할 첫 번째 관문은 질문을 두려워하지도 부끄러워하지도 않는 자세다.

그러나 더 큰 문제는 다음에 있다. 질문할 거리를 찾지 못한다는 것이다. 나와 나를 둘러싼 환경을 당연하게 여기기 때문이다. 원래 그런 것, 당연한 것이라고 여기면 질문은 나오지 않는다. 무조건적인 수용은 때로 ‘이렇게 사는 게 당연하지’, ‘남들도 다 이렇게 사는데 나라고 별수 있나’라는 체념을 부르기도 한다. 하지만 세상에 ‘원래 그런 것’이란 없다. 지금 우리가 원래 그렇다고 여기는 사물이나 현상도 과거 누군가에 의해 변화되고 수정된 것일지도 모른다. 그렇다면 우리 역시 뭔가를 변화시킬 수 있다.

질문하지 않는다는 것은 문제의식을 잃어버린 것과 같다. 공부를 하라니까 공부를 하고, 대학에 가야 한다니까 대학에 가고, 스펙을 쌓아야 한다니까 스펙을 쌓고, 취직을 해야 한다니까 취직을 한다. 그렇게 살아야 하는 이유는 생각해보지도 않는다. 그런데 막상 공부를 하고 대학에 가고 스펙도 쌓았는데, 취직을 못 했다면? 그 순간 허무함이 밀려온다. 나는 무엇을 위해 그렇게 달려온 것일까? 그러고 보니 이 길이 내가 바라던 것이었나? 만약 문제의식을 가지고 질문을 던졌다면 상황은 달라졌을 것이다. 내가 하고 싶은 일은 무엇일까? 그것을 하기 위해서는 어떤 길을 걸어야 할까? 하고 싶은 일을 분명히 하면, 가야 할 길이 명확해진다. 설령 그 길에서 장애물을 만나 걸려 넘어지더라도 목적지가 어딘지 알고 있으니 툭툭 털고 일어나 다시 걸으면 그만이다.

자신이 무엇을 하는지, 왜 하는지를 알고 하는 사람과 모르고 하는 사람은 탄탄대로를 걸을 때는 별 차이가 나지 않지만, 가시밭길을 만나거나 잘못된 길로 들어섰을 때는 판이한 차이를 드러낸다. 스티브 잡스가 리드대학을 중퇴하고, 마이크로소프트의 창업자인 빌 게이츠Bill Gates가 하버드대학을 중퇴했던 이유는 자신을 향한 질문의 결과였다. 질문을 통해 얻은 답은 대학이 아닌 다른 곳에 있었던 것이다. 시행착오였지만, 갈 길이 분명해졌으니 상관없었다.

문제의식을 가진다는 것은 자신과 세상을 평면적으로 보지 않는다는 뜻이고, 새로운 에너지를 끄집어낼 수 있으며 변화를 이끌 수 있음을 의미한다. 질문은 내가 생각할 대상, 내가 살아갈 범위를 확장시킨다. 그렇다면 고전은 어떻게 우리로 하여금 질문하게 만들까? 그것은 고전의 출발이 질문이었던 덕분이다.

애덤 스미스의《국부론》은 왜 공장의 분업에서 한 나라의 부가 증진되는가라는 의문에서부터 시작되었다. 토머스 모어의《유토피아》는 왜 인클로저운동으로 농민들이 고통을 받아야 하는지 물었다. 마키아벨리의《군주론Il principe》은 부국강병한 나라를 어떻게 만들지에 대한 질문에서 시작되었고, 마르크스는 노동자들이 어떻게 하면 짓밟히지 않고 잘살 수 있는가, 소외된 노동을 극복할 수 있는가를 고민했다.

고전은 질문에서 시작되었고, 그 질문에 대해 위대한 사상가들이 내린 대답으로 완성되었다. 질문하지 않으면 답도 없다. 질문하지 않으면 어떻게 살아야 할지, 어떤 행동을 해야 할지, 어떻게 변해야 할지 알 수 없다. 고전을 읽으며 우리는 사상가들의 치열한 고민과 마주하게 된다. 그들이 문제의식을 갖지 않았다면 고전은 빛을 보지 못했을 것이다. 우리가 그들의 질문과 답을 읽는 것은, 그들이 어떻게 질문했고 답했는가를 통해 우리 시대의 질문과 답이 무엇인지를 알기 위해서다.

## 변화하기 – 자기 긍정을 실천하다

섭공이 자로에게 공자에 대해 물었으나 자로는 대답하지 못했다. 이를 두고 공자가 말했다. "너는 왜 그의 사람됨이 발분發憤하면 먹는 것을 잊고 즐거움으로써 근심을 잊으며 장차 늙음이 오리라는 것도 모르는 사람이라고 말하지 않았느냐?" 공자는 발분하는 사람이었다. 발분이란 몸과 마음을 떨쳐 일어난다는 뜻이다. 그는 "발분하지 않으면 깨워주지 않고, 표현하려 애쓰지 않으면 촉발시켜주지 않는다. 한 귀퉁이를 들었을 때, 세 귀퉁이로써 반응하지 않으면 되풀이하여 가르치지 않는다"라고 강조했다.

스스로 절실하지 않으면 변화는 쉽지 않다. 고전은 우리를 개조시키는 마법의 묘약이 아니다. 우리가 막막함을 느끼고 힘든 상황에서 벗어나려 애쓸 때, 그 길잡이가 되어줄 나침반이자 방향키일 뿐이다. 변화에 대한 의지를 품지 않은 사람은 고전을 읽는다 해도 변화의 계기를 마련하기 쉽지 않다. 고전의 수많은 가르침 중 무엇을 취할 것인지, 목표가 없기 때문이다. 하지만 그럼에도 고전을 읽어야 하는 이유는 변화가 얼마나 중대한 것인지를 계속 이야기하며, 변화에 대한 동기를 부여하기 때문이다.

변화의 의지가 있다고 해도 아직 넘어야 할 산은 남아 있다. 의지를 실천으로 옮기는 과정은 만만치 않다. 존 스튜어트 밀은 "세상에 태어나서 한 번도 좋은 생각을 갖지 않은 사람은 없다. 다만 그것이 계속되지 않을 뿐이다. 어제 맨 끈은 오늘 허술해지기 쉽고 내일은 풀어지기 쉽다. 나날이 끈을 잡아매어야 하듯 사람도 그가 결심한 일은 나날이 거듭 조여야 변하지 않는다"라고 말했다.

변화란 자신에 대한 긍정의 실천이다. 독일의 고대 연구가인 하인리히 슐리만Heinrich Schliemann은 가난한 목사의 아들로 태어났다. 그는 어린 시절 호메로스Homeros의 《일리아스Ilias》를 탐독했고, 책에 그려진 트로이전쟁을 진실이라고 믿었다. 그리고 트로이전쟁의 유물을 발굴하는 것을 꿈으로 삼았다. 훗날 러시아로 이주한 슐리만은 각고의 노력 끝에 거부가 되었다. 이제 '고생 끝, 행복 시작'이었지만 그는 고생을 사서 한다. 어릴 적 꿈인 유물 발굴에 나선 것이다. 슐리만은 꿈을 꿈으로 남겨두지 않고 현실에서 이루기 위해 실천했다. 파리로 이주하여 고대사 연구를 시작했고, 마침내 트로이의 유적이 실재한다는 사실을 증명했다. 자신에 대한 믿음, 꿈에 대한 열정이 있었기에 이룰 수 있었던 업적이다.

변화를 실천하는 일은 적극적인 자기 긍정으로부터, 할 수 있다는 마음가짐으로부터 시작된다. 공자는 제자인 증자에게 자신의 도는 하나로 꿰어져 있다고 말했고, 증자는 다시 꿰어져 있는 하나의 도가 충서忠恕라고 말했다. 충이란 정성스럽고 진실한 마음이며, 서란 타인을 존중하고 믿는 마음이다. 정성스럽고 진실하기 위해서는 자신을 믿어야 하고 올바른 길로 이끌어야 한다. 그것이 곧 다른 이에게까지 미치게 된다. 나를 변화시키는 것은 작은 일이 아니다. 나의 변화는 타인의 변화, 사회의 변화로 확대될 수 있다. 나는 단순히 이 사회를 구성하는 부품이 아니라 이 사회를 바꿀 수 있는 에너지다.

### 다시 생각하고, 질문하고, 변화하기 – 확장의 힘

어렸을 적, 설에 떡국을 한 그릇 먹으면 한 살을 먹는다는 이야기에 한꺼번에 몇 그릇을 먹어본 기억이 있을 것이다. 하지만 그릇의 수가 많아진다고 나이도 많아지는 것은 당연히 아니다. 생각이 커지는 것은 이와 같을지도 모른다. 나이를 먹는 데 일 년이 필요한 것처럼 생각의 힘이 자라는 데는 생각이 숙성하는 기간이 있어야 한다.

은나라를 세운 탕왕은 특이한 세숫대야를 가지고 있었는데, 거기에는 '진실로 날마다 새로워지고 또 날마다 새로워진다'는 뜻의 '구일신苟日新 일일신日日新 우일신又日新'이 새겨져 있었다. 탕왕은 매일 몸을 씻으며 이 글귀를 보고 자신을 다잡았다. 유가에서 성인이라 일컬어지는 그도 매일 새롭게 되기를 바라고 노력했던 것이다.

불교에는 수행이 먼저인지 깨닫는 것이 먼저인지에 대한 논의가 있었다. 이는 크게 깨달음이 먼저 오는지 아니면 단계를 따라 닦아가는 과정이 먼저인지에 대한 논의였다. 대표적인 논의가, 단계를 차례대로 밟다 보면 어느 순간 깨닫게 된다는 점수돈오漸修頓悟와 단번에 진리를 깨친 뒤 번뇌와 습기를 차차 소멸시키는 돈오점수頓悟漸修다. 또 다른 논의도 있었는데, 그것은 일시에 깨치고 더 이상 닦을 것도 없어진다는 돈오돈수頓悟頓修다.

그런데 이런 논의는 생각하고 질문하고 변화하는 과정과 닮았다. 생각하면 질문이 생기고, 질문에 답하려면 생각하게 되고, 답은 나를 변화시킨다. 생각과 질문이 깨달음이고 변화가 수행이라면 우리는 이 과정을 반복해야 한다. 불교에서도 일시에 모든 것을 깨닫고 마음의 습기까지 소멸되는 돈오돈수는 일반인의 것이 아니라고 말한다. 때문에 우리는 계속 생각하고 질문하고 변화해야 한다.

생각하고 질문하고 변화하는 것은 수레바퀴와 같다. 수레바퀴는 같은 원을 그리며 돈다. 그러나 수레바퀴 위의 수레는 앞으로 나아간다. 생각하고 질문하고 변화하는 과정은 수레바퀴처럼 원을 그리며 다시 돌아오지만, 우리 자신은 앞으로 나아가게 되는 것이다.

: 3장 :

# 변화는
# 변화를 이끈다

/

## 관계혁명

'우리'라고 생각하면 흔들리지 않을 수 있다.

나 혼자가 아니라 여럿이 함께 가기 때문이다.

혼자가 아니다.

삶을 바꾸고자 하는, 인생을 재편하고자 하는

수많은 '나'가 모여 '우리'가 된다면,

그 힘은 더욱 세지고 그 열기는 더욱 뜨거워질 것이다.

관계혁명은 나와 너, 나와 우리, 나와 세상의 관계를 이해하고

관계 속에서의 나를 정립하는 일이다.

그렇기에 '나'가 아니라 '우리'라는 인식은

관계혁명의 첫 단추라고 할 수 있다.

# 세상은
# 수많은 나로 이뤄진다

군자는 화합하되 동하지 않고
소인은 동하되 화합하지 않는다.

– 《논어》 중에서 –

## ‘나’가 아닌 ‘우리’가 중요한 이유

레밍은 주로 스칸디나비아반도에 서식하는, 짧은 다리에 부드러운 털을 가진 나그네쥐다. 1958년 디즈니Disney가 만든 자연 다큐멘터리 〈하얀 광야White Wilderness〉에는 레밍 무리가 절벽에서 단체로 바다로 뛰어내리는 모습이 나온다.

삼사 년에 한 번씩 레밍의 개체 수는 폭발적으로 늘어난다. 수는 급증하는데 먹을 것은 없다. 그때 레밍 한 마리가 어디론가 뛰어간다. 그러면 다른 레밍들이 그 뒤를 따르고, 뒤쫓는 레밍들의 뒤를 다시 수많은 레밍들이 따라간다. 레밍은 이제 거대한 무리를 이루게 된다. 하지만 아무도 자신이 어디로 가고 있는지 모른다. 그저 앞을 따라가는 것뿐이다. 그런데 선두에서 달리는 레밍도 마찬가지다. 무작정 뛸 뿐이다. 그러다가 선두의 레밍이 절벽을 만난다. 절벽 아래는 바다다. 선두의 레밍은 죽고 싶지 않다. 그러나 발길을 돌리려 해도 돌아갈 수 없다. 뒤에 줄지어 따라오는 수많은 레밍들이 앞의 레밍을 밀어붙이고 있기 때문이다. 뒤의 레밍들에 밀려 앞의 레밍들은 계속해서 바다에 빠진다.

우리 사회는 레밍보다 더 심각하다. 레밍의 무리에서 제일 먼저 죽는 것은 선두의 레밍이다. 그러나 인간 사회에서는 잘못을 저지른 선두가 더 많은 것을 갖고 그 뒤를 따른 대부분의 사람들은 피폐한 삶을 살게 된다.

한 마리의 레밍이 마구잡이로 뛰지 않았다면, 그 한 마리를 무턱대고 쫓지 않았다면, 적어도 달리면서 어디로 가는지를 생각했더라면 레밍은 절벽에서 떨어지지 않았을 것이다. 그것이 우리와 레밍이 다를 수 있는 결정적 차이다. 그리고 그것에 주목하여 새로운 시대를 연 인물이 마르크스다.

카를 마르크스, 그는 착취당하는 노동자의 삶에서 '왜'를 생각했다. 마르크스는 그들이 어디를 향해 뛰어가고 있는지, 그곳이 죽을 곳인지 생존을 위한 공간인지를 생각하고 사람들에게 새로운 방향을 제시했다. 마르크스의 저서 《자본론Das Kapital》에는 그가 대영박물관을 뒤져 19세기 영국 노동자의 피폐한 삶을 찾아내 옮긴 기록들이 있다.

1860년 1월 14일 치안판사인 찰턴은 노팅엄 시의 공회당에서 열린 집회에서 이렇게 밝혔다. "이 도시의 주민들 중 레이스 제조에 종사하고 있는 사람들 사이에는 영국의 다른 곳에서나 문명 세계에서는 들어보지도 못할 정도의 궁핍과 고통이 자리하고 있다. 9세부터 10세까지의 아이들이 새벽 2~4시에 그들의 불결한 잠자리에서 끌려 나온다. 그들은 겨우 입에 풀칠만이라도 하기 위해 밤 10~12시까지 노동하도록 강요당하고 있는데, 그들의 팔다리는 말라비틀어지고 신체는 왜소해지며 얼굴은 창백해지고, 인간성은 완전히 목석처럼 무감각 상태로 굳어져버려 보기만 해도 소름이 끼칠 지경이다."

마르크스가 꼬집은 부분이 바로 여기다. 왜 그럴까? 왜 이렇게 많은 사람들이 열심히 일하면서도 궁핍한 생활을 계속해야 하는가? 그 이유는 자본가의 이윤이 노동자의 잉여노동, 즉 지나친 노동을 착취한 것이기 때문이다. 물론 자본가의 편에 선 경제학자들은 자본가의 이윤이 자본을 투자할 때 감수하는 위험의 보상이라고 이야기한다. 그러나 소수의 자본가가 더욱 많은 자본을 획득하고 다수 노동자들의 삶은 나아지지 않는 상황이라면 마르크스의 이야기를 귀담아들을 필요가 있다. 그는 다수의 편에서 다수가 잘사는 방법을 생각했고, 파편화된 개인을 하나로 묶어 새로운 시대를 열고자 했다.

우리는 보통 '남들도 다 이러는데'라는 변명 뒤에 숨어 바꾸려 하지 않는다. '왜 나만 이래야 하는가?'라면서도 주변은 둘러보지 않는다. 나만 이런 것이 아니고 우리가 이런 것이다! 하지만 우리가 모두 이렇다고 해서 지금의 상황이 합리화되지는 않는다. 오히려 우리라고 생각하면 흔들리지 않을 수 있다. 나 혼자가 아니라 여럿이 함께 가기 때문이다.

삶을 바꾸고자 하는 수많은 나가 모여 우리가 된다면 그 힘은 더욱 세지고 그 열기는 더욱 뜨거워질 것이다. 관계혁명은 나와 너, 나와 우리, 나와 세상의 관계를 이해하고 관계 속에서의 나를 정립하는 일이다. 그렇기에 '나'가 아니라 '우리'라는 인식은 관계혁명의 첫 단추라고 할 수 있다.

## 다름을 인정할 때 '나'는 '우리'가 된다

나는 어떤 사람일까? 물론 내가 생각하는 나의 모습은 분명 존재한다. 그런데 문제는 '내가 아는 나'와 '사람들이 아는 나'는 종종 전혀 다른 모습이라는 것이다. 주변 친구들이나 어른들이 이야기하는 나는 왠지 낯설다. 마찬가지로 '내가 아는 그'와 '그가 말하는 그'가 다른 모습이다. 그렇다면 과연 누가 아는 내가 진짜 나일까? 답은 '둘 다'다. 내가 아는 나와 사람들이 아는 나는 전혀 다른 대상이 아니다. 그 모두의 인식이 합쳐져 온전한 내가 규정되는 것이다. 그리고 나의 기준, 나의 생각뿐 아니라 상대의 기준, 상대의 생각도 포용하는 순간 '나'는 '우리'가 되고 관계혁명이 시작된다.

내가 아는 잣대로만 상대를 판단해서는 그를 제대로 알 수 없다. 그런데 우리는 흔히 나의 잣대로만 판단한다. 게다가 상대를 재단하는 잣대는 무척 엄격하고, 반대로 나를 재단하는 잣대는 관대한 경우가 많다. 그래서 생각해봐야 한다. 나는 상대를 과연 얼마나 이해하고 있을까? 아니 상대를 이해하려는 노력은 하고 있을까?

공자의 제자인 자로는 무척 거친 사람이었다. 《논어》 〈자로子路〉에서 공자는 "군자는 화합하되 동하지 않고 소인은 동하되 화합하지 않는다"라고 말한다. 다른 말로 하면 군자는 화이부동和而不同하고 소인은 동이불화同而不和한다는 것이다. 화이부동이란 다른 사람들과 같은 생각을 하고 있지는 않지만 화목하게 지낸다는 뜻이다. 동이불화는 겉으로는 같은 생각을 하는 것처럼 행동하지만 실은 다른 사람들과 화합하지 못한다는 뜻이다. 화이부동은 다름과 차이를 인정한다. 즉, 상대의 생각이 나와 다르기는 하지만, 그것을 배척하거나 거부하지 않는다. 반대로 동이불화는 차별과 뜻을 같이한다. 차이란 그저 '다른 것'으로 높고 낮음을 구별하지 않는다. 그러나 차별이란 서로의 '우위'를 상정하는 데서 시작된다. 화이부동하면 생각과 의견이 달라도 함께할 수 있지만 동이불화하면 반목과 질시만 생길 뿐이다.

독일의 철학자 한스게오르크 가다머Hans-Georg Gadamer에 따르면 '이해'란 일차적으로 다른 사람들과의 의견 일치에 이르는 것이다. 서로 다른 시야나 견해, 삶의 형식이나 세계관들과 직면했을 때, 우리는 자신의 선입견과 결별하고 관점을 풍부하게 할 수 있다. 가다머는 선입견을 부적절하다고 생각하지만, 동시에 선입견들이 풍부한 단서도 제공해주기 때문에 우리의 지식이 점차 증대할 수 있는 전망을 형성한다고 주장했다. 역사적 상황과 주관적 해석을 뛰어넘는 것은 객관적으로 불가능하다. 그럼에도 다른 사람과의 의견 일치를 이루기 위해 우리는 각자의 선입견이나 가정들을 수정해나갈 것이고, 또한 서로가 공유하고 있는 문제에 대한 이해를 어떻게 더욱 확대·심화시킬 것인가를 배울 수 있다.

인류학에서 가장 중요하게 여기는 생각 중 하나가 문화상대주의

다. 문화상대주의의 핵심은 세계 문화의 다양성을 인정하자는 것이다. 나와 다른 문화를 열등하다고 여기지 말고 각 문화의 환경·역사·사회적 상황이라는 맥락에서 이해해야 한다. 세계적인 문화인류학자 재러드 다이아몬드Jared Diamond도 그의 저서《총, 균, 쇠Guns, Germs, and Steel》에서 문명 발전의 커다란 요인 중 하나가 환경이라고 밝히고 있다. 민족마다 역사가 다르게 진행된 것은 각 민족의 생물학적 차이 때문이 아니라 환경적 차이 때문이라는 주장이다. 예를 들어 만여 년 전 마지막 빙하기가 끝나고 일명 '신석기시대'가 도래했다. 이때 수렵과 채집으로 생계를 유지하던 인류는 '농경'이라는 인류 최초의 혁명을 이뤘고, 이는 계속적인 사회 발전을 가져왔다. 하지만 농업혁명은 농경에 적합한 지리적 환경을 갖춘 지역에서만 일어났고, 반대로 환경이 받쳐주지 않아 농경을 시작하지 못한 지역은 발전에서 소외될 수밖에 없었다. 즉, 누군가는 우월해서 발전을 거듭하고 누군가는 미개해서 정체된 것이 아니라, 환경적 요인이 발전의 정도를 결정했다는 것이 다이아몬드의 견해다.

《슬픈 열대Tristes Tropiques》는 프랑스의 인류학자 클로드 레비스트로스Claude Lévi-Strauss가 1937년부터 1938년까지 브라질에 체류한 경험을 집필한 기행문이다. 레비스트로스는 카두베오족·보로로족·남비콰라족·투피 카와이브족 등 원주민 사회를 조사하는 과정에서 그 사회가 현대 서구 문명과의 접촉으로 인해 변질되고 있음을 목격했다. 아직까지 도기 제조나 직조의 기술을 습득하지 못한 부족에게 선교사, 대농장 지주, 식민주의자, 정부기관의 직원 등이 현대 문명을 침투시켜, 그 사회의 미묘한 균형을 깨뜨리고 있었다. 그는 원주민 사회를 파괴하는 서구 문명의 침략성에 분노했다. 레비스트로스는 서구 사회의 관점에서 원주민 사회가 야만적이라거나 비합리적이라고 단정하는 것을 비난한다. 원주민 사회는 단지 서구 사회와 다른 하나의 사회일 뿐이다. 즉, 이 세상에 더 우월한 사회는 없다.

'아전인수我田引水'는 자신의 논에 물을 끌어온다는 뜻의 사자성어다. 자신의 이익을 먼저 생각하고 행동하거나 억지로 자신에게 이롭도록 할 때 이 말을 쓴다. 아전인수의 반대말은 '역지사지易地思之'다.

중국의 성인이라 불리는 하우夏禹와 후직后稷은 태평성대에 살았다. 하지만 일에 바빠서 세 번이나 자기 집 앞을 지나가면서도 집에는 들어가지 않았다. 하우는 하나라의 첫째 임금인데 홍수를 다스리기 위해 집을 나가 일을 봤으며, 후직은 주나라 왕실의 선조로서 백성들에게 농사짓는 법을 가르쳐주느라 바빴다. 또한 공자의 제자인 안회는 누추한 골목에서 한 바가지의 물과 한 그릇의 밥으로 연명하면서도 도를 지켰다. 맹자는 "하우와 후직과 안회는 같은 뜻을 가졌는데,

하우는 물에 빠진 백성이 있으면 자신이 치수治水를 잘못하여 그들을 빠지게 했다고 여겼으며, 후직은 굶주리는 사람이 있으면 스스로 일을 잘못하여 백성을 굶주리게 했다고 생각했다. 그래서 그렇게 다급하게 살았던 것이다. 하우와 후직과 안회는 처지를 바꿔놓아도 모두 그렇게 했을 것이다"라고 했다. 처지를 바꿔놓아도 모두 그렇게 했을 것이라는 '역지즉개연易地則皆然'에서 나온 말이 역지사지다.

역지사지란 입장을 바꿔 생각한다는 뜻이다. 나의 기준으로 상대를 판단하는 것이 아니라 상대의 기준에서 상대를 이해해보는 일을 말한다. 상대의 입장에서 바라본다고 해도 그의 생각이나 행동을 전부 이해할 수 있는 것은 아니다. 하지만 적어도 다름을 틀렸다고 말하며 배척하는 오류는 범하지 않을 수 있다.

다름을 다름 그대로 인정할 때, 내게 이런 생각이 있듯이 상대에게 저런 생각이 있을 수 있음을 받아들일 때, 나는 우리가 된다. 상대 역시 그의 입장에서는 '나'라는 사실을 깨닫는 것, 그렇게 세상은 '수많은 나'로 이뤄져 있다는 것을 알고 난 후의 세상은 이전까지의 세상과는 분명 달라진다. 더 많은 것이 보이고 더 많은 것이 들리게 된다. 그렇게 나와 상대, 나와 세상과의 관계는 깊고 넓어지게 된다.

# 우리의 관심이 세상을 향하는 순간

혁명 그 자체는 작은 일이 아니지만, 작은 일에서 발생한다.

**– 아리스토텔레스 –**

## 공자는 왜 《주역》을 소중히 했을까?

세상은 너무도 빨리 변하고, 미래는 알 수 없다. 수억 단위의 연산을 한순간에 해치울 수 있는 컴퓨터도 미래는 단정하지 못한다. 노벨 경제학상을 받은 경제학자의 경제모델도 급변하는 세상에서는 무력하다. 우리에게는 단지 미래에 대한 불확실한 예측만이 있을 뿐이다. 이런 세상에서 조금이라도 위안을 받기 위해 어떤 사람들은 점을 치기도 한다. 믿는다기보다는 의지하기 위해서일 것이다. 그리고 그 시작은 인간의 역사만큼이나 오래되었다.

《주역周易》은 점을 치는 데 바탕이 되는 오래된 책이다. 《주역》 하면 공자가 생각난다. 《사기》 〈공자세가孔子世家〉에는 '위편삼절韋編三絶'이라는 말이 나온다. 가죽끈이 세 번이나 끊어졌다는 뜻이다. 옛날 책은 지금과 같지 않아서, 종이가 없던 시절에는 대나무를 쪼개 거기에 글씨를 쓰고, 그것을 가죽으로 엮었다. 가죽끈이 세 번 끊어졌다는 말은 그만큼 숱하게 책을 읽었음을 의미한다. 공자가 그렇게 열심히 읽었던 책이 바로 《주역》이다. 공자는 《논어》에서 "내게 수년이 더 주어져 오십까지 역易을 공부할 수 있다면 가히 큰 잘못은 없으리라"라고 말했다.

《논어》는 공자가 괴이한 것과 힘센 것과 어지러운 것과 더불어 신을 이야기하지 않았다고 기록한다. 그렇다면 어째서 공자는 점을 치는 《주역》을 중히 여겼을까? 심지어 《주역》의 뜻을 알기 쉽게 풀이한 책 《십익十翼》은 공자가 지었다고 전해진다.

단서는 '역'이라는 글자에 있다. 주역이란 주나라의 역을 말한다. 역이란 무엇일까? 어떤 이는 역이 '일日'과 '월月'로 구성되어 음양을 나타낸다고 말한다. 또 어떤 이는 역을 '변하다', '바뀌다'의 의미로 생각한다. 두 해석은 모두 '변화'라는 핵심 키워드를 가지고 있다. 전자의 경우, 음양의 조화에 따라 천지자연이 바뀌기 때문이다. 즉, 역이란 세상의 변화를 말하는 것이 된다.

우리는 미래를 알 수 없지만, 다행히도 변화는 한순간에 이뤄지는 것이 아니라 중간중간 변화의 신호를 보낸다. 역에서는 그것을 '기미幾微'라고 한다. 쉽게 이야기하면 변화에는 낌새가 있다.

주식 투자를 하는 사람이 밤을 새워 뉴욕 증권가의 소식에 촉각을 곤두세우는 것은 다음 날 뉴욕 증시가 미칠 여파를 가늠하기 위해서다. 그것 역시 일종의 기미다. 세계적인 펀드매니저인 조지 소로스George Soros는 투자 성공의 비결로 철학적 사고를 꼽는다. 1930년 헝가리에서 태어난 그는 전쟁의 참혹함을 맛봐야 했다. 이후 영국 유학 시절에 역사의 짐꾼, 식당 점원을 하며 살아가던 그는 과학철학자 칼 포퍼Karl Popper의 강의를 들었다. 소로스는 공공연히 자신의 투자 전략은 '수많은 경험적 사례에 의한 반증을 견딘 이론만을 받아들여야 한다'고 말한 포퍼의 가르침에서 나온 것이라고 말했다.

경제뿐 아니라 사람과의 관계에서도 변화의 기미는 존재한다.《주역》〈계사전繫辭傳〉은 이렇게 말한다. "장차 배신할 사람은 그 말에 부끄러움이 있고 마음속에 의심이 있는 자는 그 말이 갈라진다. 길한 사람의 일에는 말이 적고 조급한 사람은 말이 많다. 선을 속이는 사람은 그 말이 놀고 지조를 잃은 사람은 그 말이 비굴하다." 이런 기미를 읽을 수 있다면, 세상사 가장 어려운 일 중 하나라는 사람과의 관계도 좀 더 수월하게 풀어나갈 수 있다.

기미를 읽기 위한 최선의 방법은 '관심'이다. 사람이든 경제든 관심을 기울이고 바라보면 미세한 차이가 눈에 들어오기 시작한다. 어제와 오늘이 무엇이 다른지, 좋을 때와 나쁠 때는 어떤 식으로 변화가 나타나는지, 이런 변화의 징후들을 차곡차곡 쌓아가다 보면 이후의 변화를 좀 더 빨리, 좀 더 쉽게 알아차릴 수 있다.

사람을, 세상을, 변화를 얼마나 열심히 읽고, 그리하여 얼마나 많이 알고 깊이 이해하느냐에 따라 변화를 주도할지 변화에 휩쓸릴지가 결정된다. 파도의 방향과 높이를 예측하는 사람은 파도를 타지만, 이를 알지 못하는 사람은 파도에 휩쓸리고 만다.

《주역》에서 말하기를 "공이 활을 쏴 높은 담 위의 새매를 잡으니 불리함이 없다"라고 했다. 공자가 말하기를 "새매는 새요, 활은 도구요, 쏘는 것은 사람이다. 군주가 도구를 몸에 감추고 때를 기다려 움직이면 어찌 불리함이 있겠는가? 움직임에 막힘이 없어 나아가 잡는 것은 도구를 만든 뒤에 움직이기 때문이다"라고 했다. 그런데 혹시 우리는 활과 화살은 만들어놓지 않고 새만 기다리고 있지는 않은가? 새가 날아간 후에 안타까워하지 않으려면 스스로를 한번 돌아보자.

## ⁘ 관심을 가지면 변할 수 있다 ⁘

90세가 넘은 전직 레지스탕스 출신의 스테판 에셀Stephane Hessel이 프랑스 젊은이에게 던진 하나의 화두는 '분노하라'였다. 그의 저서《분노하라Indignez-vous!》는 2010년 출간 몇 개월 만에 200만 부를 돌파하며 프랑스 사회에 분노 신드롬을 일으켰다. 레지스탕스로 활약하다가 체포되어 유대인 강제수용소에서 사형선고까지 받았던 에셀은 프랑스 민주주의의 토대가 되었던 레지스탕스 정신이 무너졌다고 통탄했다. 갈수록 심화되는 사회 양극화, 외국인 이민자에 대한 차별, 민주주의에 대한 위협……. 그러나 프랑스 젊은이들은 이 모든 문제에 무관심했다. 에셀은 무관심을 최악의 태도로 여기며, 이 현실에 관심을 갖고 분노하라고 촉구했다.

누구나 지금보다 더 나은 삶을 희망한다. 변화에 대한 갈망과 보다 나은 삶에 대한 갈구는 오래전부터 있어왔다. 동양의 무릉도원이나 서양의 유토피아는 그런 바람의 상징이다. 그런데 우리는 마냥 이상향을 그리면서 정작 두 발을 딛고 서 있는 현실에는 무관심하지 않았을까? 갈수록 커지는 빈부 격차, 경제력을 바탕으로 하는 사회적 차별, 정치적 탄압으로 인한 자유의 제한, 여성이나 장애인 등 사회적 약자의 보호받지 못하는 인권……. 이런 현실, 이런 세상에 대해 생각해본 적이 있었을까?

나와 타인, 나와 세상을 분리하는 태도로는 더 나은 세상으로의 변화와 성장은 불가능하다. 또한 지금 당장은 다른 사람의 힘겨움이 남의 일일 뿐이지만, 무관심 속에 세상의 부당함을 방치한다면 결국 그 힘겨움은 나의 일이 될 것이다.

그물코에 물고기가 걸리는 것은 그물이 씨줄과 날줄로 연결되기 때문이다. 수많은 격자의 만나는 한 지점에 내가 있다. 그리고 수많은 격자의 점들이 모여 거대한 그물을 이룬다. 그물에는 내가 있고 우리가 있고 세상이 있다. 하나의 점인 나 자신만을 보는 것으로는 부족하다. 우리는 모두 연결되어 있다. 나와 너는 우리로 연결되고, 우리는 세상으로 연결된다.

여기서 다시 "무관심이야말로 최악의 태도"라는 에셀의 외침이 떠오른다. 세상이 '수많은 나'로 이뤄진다는 사실을, 다른 사람들 역시 '나'임을 깨닫지 못하는 이유는 무관심 때문이다. 관심이야말로 타인과 세계를 이해하는 중요한 키워드다. 관심이 없으면 관찰할 수 없으며, 보지 않고서는 알 수 없다. 알지 못하면 이해할 수 없으며, 결국 관계의 형성은 불가능해진다.

더 나은 세상을 위한 개혁, 혁신, 혁명 역시 세상에 대한 관심에서 시작된다. 우리는 세상이 정의로워야 한다고, 우리의 권리를 보장해야 한다고, 우리가 행복을 추구할 수 있어야 한다고 요구할 수 있다. 그런데 그 요구는 우리가 무엇을 보장받을 수 있고, 무엇을 추구할 수 있으며, 무엇을 지켜야 하는지 알 때나 가능해진다. 세상을 인식하지 못하고 문제를 발견하지 못한다면 그 무엇도 이룰 수 없다. 고전은 세상을 인식하는 방법과 틀을 알려주고, 어떤 방법으로 세상을 바꿔야 하는지에 대해 암시한다. 왕의 힘이 막강했던 조선시대에도 세상을 바꾸려는 노력이 있었고, 우리는 거기에서 지금의 현실을 바꿀 길을 찾을 수 있다.

성호 이익은 숙종 7년(1681년) 부친 이하진의 유배지 운산에서 태어났다. 관직에 나가지 않고 평생 농민 곁에서 산 이익은 농민들이 일 년 내내 부지런히 일을 해도 빈곤을 면치 못하는 데 마음 아파했다. 그래서 그는 자신의 생활에 항상 겸허했고, 그런 마음가짐이 그로 하여금 실학자가 되도록 만들었다. 이익이 47세 되던 해 조정에서는 그의 학행을 높이 사 선공감의 가감역이란 벼슬을 내렸지만, 그는 이를 사양했다. 이 때문에 이익은 말년에 극심한 가난에 시달려 "나의 궁아가 날로 심해 송곳 꽂을 만한 땅도 없다"라고 탄식할 정도까지 이르게 된다.

이익의 사상이 집약된 《성호사설星湖僿說》에서 그는 국정 전반에 걸친 개혁 사상을 개진했다. 그는 임진왜란 이후 국정의 최고 기관이자 집권층의 집합체였던 비변사의 개혁과 본래의 기능을 발휘하지 못하던 의정부의 정비를 주장했고, 겸직제의 문제점을 지적하며 시정을 요구했고, 관리의 빈번한 교체와 서리들의 폐단을 지적했다. 중앙과 지방의 관서를 대폭 통합하여 관리를 감원함으로써 재정적 낭비를 줄여야 한다고 목소리를 높였으며, 더 나아가 궁중에서부터 낭비를 억제할 것을 요구했다. "임금이 없어도 백성은 있을 수 있지만 백성이 없으면 임금은 있을 수 없는 것이니, 결국 백성의 은혜가 임금의 그것보다 더 중한 것이다. 어찌 수많은 백성의 힘으로 한 사람의 임금을 받들어 항상 물자가 부족하게 하고 혜택이 고루 돌아가지 못하게 할 수 있는가"라며 궁중의 환관과 궁녀의 수를 감축하기를 간한 것이다.

당시로서는 혁명을 넘어 반역에 가까웠던 이 요구는 세상에 대한 깊은 관심과 세상을 바꾸기 위한 치열한 고민의 결과였다. 관심과 고민이 있었기에 근거는 타당했고, 요구는 정당했다.

우리도 요구할 수 있다. 그리고 그 요구의 시작은 세상에 관심을 갖는 일이다. 내게 집중되었던 관심을 너로 돌리는 순간, 우리가 된다. 우리의 관심이 세상을 향하는 순간, 나, 우리, 세상은 한데 어우러져 하나의 새로움을 향해 나아갈 수 있다. 혼자서는 죽을힘을 다해 밀어도 굴릴 수 없었던 변화의 바퀴는, 모두가 힘을 합치는 순간 가속을 내며 굴러간다. 자아혁명을 넘어 관계혁명의 길에 접어드는 순간, 진정한 혁명이 완성된다.

## 함께 가면, 길이 된다

1937년 에스파냐 내전 중 우익 진영의 프란시스코 프랑코를 지원하는 독일의 무차별 폭격이 에스파냐 북부의 작은 도시 게르니카에 쏟아졌다. 순식간에 도시는 아비규환의 폐허로 변했다. 그때 파블로 피카소Pablo Picasso는 파리 만국박람회의 에스파냐관에 들어갈 벽화를 의뢰받은 상태였다. 조국의 비보를 접한 그는 분노에 휩싸여 벽화를 제작했다. 〈게르니카〉에 등장하는 상처 입은 말과 버티고 서 있는 소는 전쟁의 무서움과 민중의 분노를 표현한 것이다.

에스파냐의 철학가이며 시인이자 소설가였던 미겔 데 우나무노Miguel de Unamuno는 게르니카에 폭격이 있기 삼 년 전인 1934년 9월, 살라망카대학에 학생들을 모아놓고 마지막 강연을 했다. "나는 평화를 부르노라. 전쟁 속에서 평화를 부르기를 원하노라. 무분별과 모욕과 증상과 원한의 더러운 폭발과 불경스러운 조롱에 흘러넘치는 이 물결은 분열을 조장하는 치명적인 것일 뿐이다. 분열은 비단 개인들 간에서만 일어나는 것이 아니니 그것은 곧 국가적·사회적인 분열인 것이다. 오! 제군이여, 그 물결 속에서 우리 자신들을 구해내자!" 병마에 시달려 죽음 직전의 창백한 얼굴을 한 우나무노는 젊은이들에게 그렇게 간절히 청했다.

분열을 넘어 통합이라는 새로운 물결을 어떻게 만들 수 있을까? 내가 아닌 우리, 혼자가 아닌 함께 가는 길은 어떻게 가능한가? 이에 대해 장 자크 루소는 "권력에 복종하라!"라고 주장했다. 아무리 바꾸려 몸부림쳐도 소용없으니 힘의 논리에 무릎 꿇으라는 말일까? 이야기는 그리 간단하지 않다.

루소의 시대는 절대왕정 말기였다. 소수 귀족들이 부당한 특권을 누리며 절대다수의 국민들을 고통에 빠뜨리는 절대왕정의 이념에 루소는 맞서 싸웠다. 루소의 '사회계약설'은 국가를 자유롭고 평등한 개인들의 계약에 의한 것으로 바라봤는데, 함께 사회계약설을 주장한 토머스 홉스나 존 로크와는 다른 부분이 있었다. 바로 '일반의지'다. 일반의지란 사회집단의 구성원들이 바라는 공공의 복지와 의지다. 결국은 모든 사람들이 원하는 행복인 셈이다.

문제는 국가가 그 역할을 하지 못했을 때다. 일반의지를 집행하는 것이 왕인데, 만약 왕이 국민을 행복하게 하지 못하고 경제적으로 불평등하게 만들고 공정하게 일을 처리하지 못한다면, 그는 쫓겨나야 한다. 이런 주장은 왕의 권력이 신으로부터 온다는 왕권신수설과는 정면으로 배치된다. 국민이 주권을 가진 시대는 이렇게 열린 것이다. 그리고 바로 여기서 문제의 주장이 등장한다. 루소는 말한다. "권력에 복종하라!" 왜 그는 왕이라는 이름의 권력이 제 역할을 다하지 못할 경우 쫓겨나야 한다는 자신의 주장을 뒤엎는 이야기를 한 것일까?

"권력에 복종하라! 이 말이 만일 힘에 대한 굴복만을 의미한다면 논의할 필요가 없을 것이다. 어쩌면 사람들은 두려움에 이를 거부하지 않을지도 모른다. 모든 권력이 신에게서 나온다는 것을 나는 인정한다. 그렇지만 거기에서 모든 사회의 병이 시작된다. 병을 고치기 위해 우리가 의사를 부르면 안 되는가? 예를 들어 숲속에서 강도를 만났을 때, 그의 폭력 때문에 지갑을 빼앗길 상황에서 지갑을 감출 수 있음에도 불구하고 양심적으로 지갑을 내놓을 의무가 있다고 말할 수 있는가? 강도의 권총은 하나의 힘이다. 힘이 권리를 정당화하는 것은 아니다. 인간은 오직 정당성을 갖춘 권력에만 복종할 의무가 있다."

권력에 복종하라는 루소의 말은 도리어 권력에 저항하라는 메시지를 담고 있다. 현재의 권력은 정당하지 못하니 복종하지 말고 맞서라는 뜻이다. 루소는 "자유롭게 태어난 인간이여! 쇠사슬을 끊어라"라고 외쳤다. 이런 루소의 사상은 프랑스혁명의 이념이 된다. 루소는 프랑스혁명이 일어나기 11년 전에 죽음을 맞이했다. 하지만 그의 혁신적인 사상은 혁명의 뼈대가 되었다. 주권이 민중에게 있다는 주권재민론, 인간은 평등하다는 루소의 사상은 1789년 프랑스혁명 과정에서 선포된 〈인간과 시민의 권리 선언〉에 반영된다. 선언의 제1조는 "인간은 태어나면서 자유로우며 권리에 있어서 평등하다"라고 규정하고, 제3조는 "모든 주권의 원리는 근본적으로 인민에게 있다"라고 말한다.

함께 간다는 것은 단순히 물리적인 행동만을 의미하는 것이 아니다. 함께 간다는 것은 같은 생각을 하고, 같은 꿈을 품는다는 뜻이다. 외모와 성격이 제각각이듯 모두의 각기 다른 생각을 하나로 모으는 열쇠는 '기본'에 있다. 가장 기본적인 가치, 가장 근원적인 믿음을 공유할 때, '함께'가 가능해진다. 그리고 서로의 뜻을 모았다면 이제야말로 정진할 차례다.

명나라의 양명학은 한 학자의 이름에서 비롯되었다. 그는 왕양명王陽明이다. 그 시절 주자학은 점점 입신출세를 위한 도구로 전락했고,

학문한다는 것은 주자가 해석해놓은 유교 경전을 암기하는 것으로 바뀌어버렸다. 그리고 주자가 달아놓은 해설과 다르게 유교 경전을 해석하면 이단으로 몰려 철저한 탄압을 받았는데, 학자가 처형당하는 일까지 생겼다. 이는 유가의 사상이 주자학 이전의 전철을 다시 밟는 것을 뜻했다. 한마디로 유가 사상은 생각하는 학문에서 암기하는 과거 공부로 죽어갔던 것이다. 이때 왕양명은 아는 것과 행하는 것이 하나를 이룬다는 '실천궁행實踐躬行'을 주장했다. 그의 주장은 단지 실천만을 강조하는 것이 아니다. 아는 것은 행하는 것을 통해서고, 행하는 것이 있기 전에는 아는 것이라고 할 수 없다는 뜻이다.

독일의 법학자 루돌프 폰 예링Rudolf von Jhering은 《권리를 위한 투쟁Der Kampf ums Recht》이라는 저서를 집필했다. 그는 '불법을 행하지 말라!'는 금지 명령보다 '불법을 감수하지 말라!'는 요구 명령을 우선시한다. 이 요구 명령에 상응하는 자기주장이 바로 권리를 위한 투쟁이다. 예링은 이 투쟁을 도덕적 자기보존의 의무로까지 생각했다. 이 의무를 태만히 한다면 자신의 도덕적 실존 조건을 포기하는 것이다. 그러므로 권리 침해를 감수하는 자는 자기 자신을 노예나 동물 수준으로 전락시키는 자이며, 법의 정신을 좀먹는 자다. 불법과 불의를 감수하고 관용하는 비겁과 무관심은 당연히 없어져야 하며, 법이 용서하지 못할 죄를 짓는 것이다. 이런 죄가 무엇보다 엄중한 이유는 존엄한 자신을 비하시키는 일이기 때문이다. 우리는 생의 충만함과 관계의 중요성과 세상이 변화해야 함을 알고 있다. 이제 중요한 것은 그곳으로 나아가려는 실천이다.

관계혁명은, 나는 혼자 살아갈 수 없는 존재라는 아주 당연하지만 쉽게 간과되는 전제에서 출발한다. 세상은 수많은 나로 이뤄져 있고, 그 많은 '나'가 모여 만든 '우리'라는 이름의 무리가 세상을 움직인다. 그리고 세상의 흐름과 발맞춰 사는 것이 바로 나다. 이 돌고 도는 관계의 흐름을 읽지 못한다면, 나의 변화는 누구도 들어주지 않는 혼잣말에 불과하다.

일찍이 레프 톨스토이Lev Nikolaevich Tolstoy는 말했다. "자신을 완성시키려면 정신적으로는 물론 다른 사람과의 관계도 잘 맺어야만 한다. 다른 사람들과 교제를 맺지 않고 또한 다른 사람에게 영향을 미치거나 영향을 받지 않고서는 자신을 살찌워 나갈 수 없기 때문이다."

# 관계혁명을 완성하는 세 가지 단계

최상의 선은 물과 같다.
물은 선하여 만물을 이롭게 하면서 다투지 않고
사람이 싫어하는 곳에 처하니 도에 가깝다.

**-《도덕경道德經》 중에서 -**

## 읽기 - 사람을 읽고, 세상을 읽다

1992년은 중화인민공화국 초대 주석인 마오쩌둥이 태어난 지 백 주년이 되는 해였다. 당시 〈타임Time〉의 기사는 베이징 시민들의 마오쩌둥에 대한 존경이 '부처에 대한 숭배'에 가깝다고 했다. 《마오쩌둥 어록》을 비롯하여, 불상과 같은 작은 마오쩌둥 상, 마오쩌둥의 얼굴을 새긴 금시계 등 그를 소재로 한 각종 기념품들이 불티나게 팔렸고, 베이징 시민들은 한결같이 그를 위대한 인물로 추앙했다. 지금도 중국인들의 존경을 받는 마오쩌둥. 무엇이 그를 존경받는 지도자로 만들었을까? (물론 문화대혁명으로 중국 사회 전체를 '피의 숙청' 공포로 몰아 넣었던 마오쩌둥의 죄에 대해서는 매섭게 지적해야 한다. 하지만 여기서는 그가 현실을 인식한 방법에 집중하여 이야기하고자 한다.)

마오쩌둥은 시골 농가에서 태어났지만 어릴 적부터 책 읽기를 좋아하여 《삼국지三國志》, 《수호지水滸誌》, 《서유기西遊記》 등에 빠져들었다. 그리고 더 자라서는 애덤 스미스, 존 스튜어트 밀, 장 자크 루소 등의 저서를 읽으며 외국의 침략으로 나날이 기울어가는 중국을 구하고자 하는 강력한 욕망을 품었다. 고전을 통해 현실에 관심을 가졌고 현실을 바꾸기 위한 방법을 찾았다. 그 과정에서 마오쩌둥은 사람을 읽고 세상을 읽었으며, 이로부터 그는 이전과 다른 혁명을 할 수 있었다. 과거 프롤레타리아혁명의 핵심은 노동자였다. 그러나 마오쩌둥은 농민이 혁명의 주역이 되어야 한다고 생각했고, 그 생각은 적중했다. 그는 중국이라는 맥락에서의 핵심을 읽고 있었던 것이다. 여기에서 다시 역지사지와 실천궁행을 떠올리게 된다. 마오쩌둥의 농민에 대한 관심, 농민에 대한 생각은 새로운 혁명을 만들어냈다. 그는 이론가로서 세상을 본 것이 아니라 실천가로서 세상을 본 것이다.

읽는다는 것은 단순히 눈으로 보는 행위만은 아니다. 눈이라는 감각기관이 전달해준 의미를 머리와 가슴으로 이해하고 받아들이는 것이 진정한 읽기다. 그때는 먼저 그가 왜 이렇게 썼는지를 생각해야 한다. 그리고 나는 어떻게 생각하는지를 또다시 생각해야 한다. 그렇게 읽으면 보이지 않던 것들이 보이게 되고 깨닫지 못했던 것들을 생각하게 된다.

읽음은 시작이다. 시작하지 않으면 결과도 없다.

## 나누기 – 함께 생각하고 고민하다

활발한 기부 활동을 하고 있는 워런 버핏은 부유층이 세금을 더 내야 한다며 버핏세를 주장했고, 빌 게이츠는 자신의 이름을 딴 게이츠 재단을 설립하여 매년 어마어마한 돈을 기부하고 있다. 이런 세계적인 거부뿐 아니라, 우리 주위에는 풍요롭게 살진 않지만 남을 위해 자신의 것을 나누는 많은 사람들이 있다. 나눔은 금전만이 아니다. 자신의 재능을 타인을 위해 쓰고, 세상을 이롭게 하는 데 자신이 할 수 있는 일을 행하는 것, 그 모든 것이 나눔이다.

다큐멘터리 영화 〈울지마 톤즈〉의 주인공은 아프리카의 성자라 불렸던 고故 이태석 신부다. 영화에서 잊지 못할 장면 중 하나는 암투병 중인 이태석 신부가 태워도 태워도 재가 되지 않는 진주처럼 영롱한 사랑을 피우리라며 〈열애〉를 열창하는 모습이었다. 생전 이

태석 신부는, 맨발로 다니다 상처가 나고 끝내는 발의 일부를 떼어내야 했던 한센인들을 위해 신발을 만들어 손수 신겨줬다. 그는 나누면 나눌수록 더 나눌 것이 많아진다고 했다. 의사로, 교사로, 성직자로 그가 보여준 사랑과 진정성과 끝없는 나눔에 우리는 저절로 감동의 눈물을 흘리게 된다.

그런데 여기에서 한 가지를 더 생각해야 한다. 이태석 신부의 나눔에서 커다란 한 부분은 마음으로부터의 경청이었다. 나눈다는 것은 뭔가를 주는 것만이 아니다. 아무도 찾지 않는 사람의 이야기를 들어주는 것, 그들의 아픔을 함께하는 것, 이 역시 나눔이다.

또 우리에게 나눌 수 있는 것으로 생각이 있다. 생각을 나눠 삶을 함께하는 것 역시 나눔이다. 생각은 나누면 나눌수록 더욱 커진다. 우리 모두가 함께 생각하고 고민할수록 세상은 더 좋아지게 된다. 여기에서 고전의 의미를 다시 한번 상기해보자. 고전은 하나의 개체만을 바라보지 않는다. 시대에 따라 상황에 따라 고전이 그리는 세상은 달랐지만, 고전은 항상 보다 많은 사람이 더 나은 세상에서 어울려 살기를 원했다. 이런 고전의 정신을 읽고 서로 나눌 때 우리가 바라는 세상으로, 마음이 풍요로운 삶으로 다가가게 된다.

## 함께하기 – 멀리 가려면 함께 가라

노자老子는 "서른 개의 바큇살이 바퀴통에 달린다. 수레바퀴의 쓰임은 빈 공간에 있다. 흙을 이겨 그릇을 만든다. 그릇의 쓰임은 빈 공간에 있다. 지게문과 창문을 뚫어 방을 만든다. 방의 쓰임은 빈 공간에 있다. 때문에 무엇인가 있는 데서 이로움을 얻지만, 사실 쓰임의 근본은 빈 곳에 있다"라고 말했다.

노자는 이면의 깊은 뜻을 보라고 이야기한다. 그러나 사람들은 자신이 본 면만을 진실이라고 믿는다. 하나의 사물에는 다양한 면이 존재하며, 보는 각도에 따라서 사물은 다르게 보인다. 정확히 사물을 인식하기 위해서는 다양한 각도를 고려해야 한다. 서로가 본 각도를 공유하면 그것을 통해 보다 정확한 상을 그려낼 수 있다.

TV 토론을 시청하다 보면 패널들이 앵무새처럼 자기주장만을 반복하는 경우가 있는데, 토론이 아니라 웅변대회를 보는 것 같다. 이런 일은 자신을 바꾸려 하지 않고 목소리만 높이기 때문에 일어난다. 그러나 내가 다른 사람들의 이야기를 듣지 않으면 그들도 내 이야기를 듣지 않는 법이다. 화합과 상생은 서로에 대한 존중에서 시작한다.

원효는 신라시대의 승려로, 요석공주와의 사이에서 설총薛聰을 낳았고 언제나 중생과 함께 지냈다. 많은 사람들이 비난했지만 아랑곳

하지 않은 채 바가지를 들고 천민들과 함께 어울리며 불법佛法을 전파했다. 가난한 사람들, 병든 사람들과 함께 노래를 부르고 춤을 췄다. 원효가 살던 시기에 불교는 서로 나눠져 자신의 사상만이 옳다고 주장하고 있었다. 이때 원효는 모든 논쟁을 화합으로 바꾸는 화쟁 사상을 이야기했다. 원효는 철저히 자신을 버렸고 그럼으로써 진리를 나눌 수 있었던 것이다.

노자는 물을 최고의 선이라고 했다. 노자가 물을 그렇게 표현한 것은 물이 장소를 가리지 않기 때문이다. 어느 곳에나 있으면서 누구의 갈증도 씻어준다. 하지만 물은 자신을 자랑하지 않는다. 우리는 나눌 수 있고 화합할 수 있는 사람, 어디에서든 누구의 갈증이든 풀어주는 물 같은 사람이 되어야 한다. 마지막으로 인디언 속담을 떠올려본다.

"빨리 가려면 혼자 가고, 멀리 가려면 함께 가라."

: 4장 :

# 거침없이 너만의 고전을 써라

/

## 나와 세상을 깨우는 동서양 고전 10선

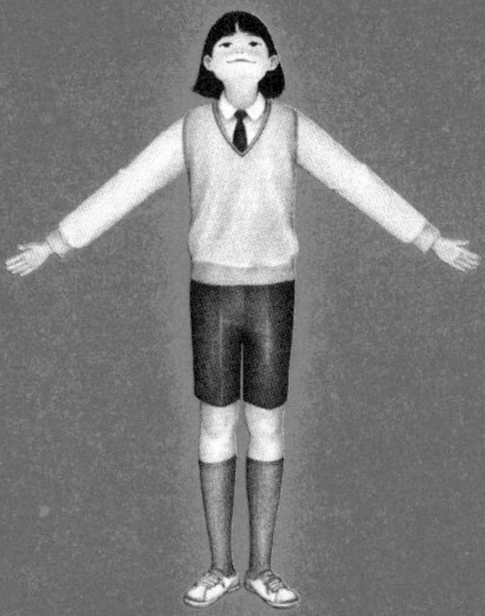

모든 고전이 애초부터 고전이었던 것은 아니다.

시대의 벽을 넘어 살아남은 후에야

고전의 칭호를 부여받을 수 있었던 것이다.

이제 자신만의 고전을 쓸 차례다.

모진 풍파와 거센 변화에도 살아남은 정신을 이어받아,

긴 세월의 파고 속에서도 빛을 발할 생각을 실현시켜보라.

여기 소개된 동서양 고전 10선은

자신만의 고전, 자신만의 생각을 이끌

나침반이자 마중물이 되어줄 것이다.

## 자신을 깨면 더 큰 자신과 만난다

우리는 모두 저마다의 프레임, 즉 자신이 보고 듣고 느끼고 믿는 것들을 기준으로 세상을 바라본다. 하지만 사람마다 삶의 경험이 다르기에 어느 누구의 프레임도 우리 모두를 포함할 수는 없다. 그럼에도 불구하고 자신의 기준만 들이대는 사람은 다른 사람의 생각을 포용하기 어렵다.

아집을 버리면, 독선을 거두면, 세상의 많은 이야기와 생각들을 만날 수 있다. 그러면 보이지 않았던 것들이 보인다. 들리지 않았던 것들이 들린다. 그리고 그 순간 우리에게 또 다른 세계의 문이 열린다. 발상의 전환도 마찬가지다. 당연하다고 생각했던 것들을 당연하지 않다고 여길 때, 새로움이 탄생한다.

장자가 꼬집는 바는, 나의 좁은 눈으로 세상을 재단하지 말라는 것이다. 내 눈에 담기지 않은 더 큰 세상이 존재함을 깨달아야 한다. 보이는 것 너머의 것을 볼 때, 더 큰 자신과 만날 수 있다. 새로운 과학관에 입각해서 과학의 역사를 새로이 해석한 토머스 쿤Thomas Kuhn처럼 말이다. 내가 세상이고 세상이 나인 길, 그 출발은 간단하다. 편견을 버리는 것이다.

# 우리가 '아는' 세상 vs. 우리가 '사는' 세상

– 장자 《장자》 –

## 내가 나비이고 나비가 나다

**장주(莊周, 장자의 본이름)가 꿈에 나비가 되었다. 훨훨 나는 것이 분명 나비였으며, 스스로 뜻에 맞아 내가 장주임을 알 수 없었다. 갑자기 깨어나 보니 확실히 장주였다. 장주가 꿈에 나비가 된 것인가? 나비가 꿈에 장주가 된 것인가? 장주와 나비는 반드시 구분이 있을 것이니 이를 물화物化라고 한다.**

**– 〈제물론〉**

우리는 꿈과 현실, 나와 나비를 구분한다. 그러나 장자에게는 꿈이 현실이고 현실이 꿈이며, 내가 나비이고 나비가 나다. 이것이 '물화'다. 장자는 옳음과 그름, 긺과 짧음, 아름다움과 추함도 대립된 관계로 보지 않는다. 그것은 모두 하나다. 장자는 우리가 지금껏 참이라고 여겼던 규정에서 벗어나라고, 다른 각도에서 사물의 다른 면을 보라고, 세상을 바라보는 다른 시선을 권한다.

**안짱다리에 꼽추이고 언청이인 사람이 위령공에게 유세를 했다. 위령공은 그를 매우 기쁘게 여겨 그를 보는 것으로 온전한 다른 사람을 보니 다른 사람들의 목이 수척하고 야윈 것처럼 보였다. 목에 커다란 혹이 있는 사람이 제환공에게 유세를 갔다. 제환공은 그를 매우 기쁘게 여겨 그를 보는 것으로 온전한 다른 사람을 보니 오히려 목이 야위고 가늘어 보였다. 까닭에 덕이 다른 이보다 뛰어난 점이 있으면 그의 형체는 잊어버리게 된다. 사람들은 마땅히 잊어야 할 것을 잊지 않고 잊지 않아야 할 것을 잊는다. 이것을 정말 잊어버리는 것이라 한다.** – 〈덕충부德充符〉

모든 것에 절대는 없다. 기준도 마찬가지다. 정상과 비정상을 나누는 수많은 기준은 그저 산술적인 것에 불과할지도 모른다. 기준이 달라지면 판단도 달라진다. 목에 큰 혹이 있는 사람을 기준으로 보면 다른 사람들의 목이 야위어 보인다. 위령공이나 제환공이 잘못된 것일까? 다른 사람들의 기준이 잘못된 것일까? 그러니 생김새를 판단하기보다는 내면의 덕이 중요함을 잊지 말아야 한다.

## 세상에 '절대'는 없다

장자는 절대를 부정한다. 여기에서 절대란 자기중심적인 기준이다. 문제는 자신의 기준이 자기중심적 사고에서 나온다고 생각하지 않는다는 것이다. 항상 열려 있다고 말하지만 정작 마음은 닫아놓은 상태다. 관계를 규정하고 세상을 판단하는 것은 객관적 기준이 아니라 자기 주관인 경우가 많다. 지금껏 대립이라 여겼던 것들이 실은 대립이 아니라 조화라고 여길 때, 세상이 다르게 보이기 시작한다.

노자는 있음(有)과 없음(無)이 같다고 했다. 노자에게 있음과 없음은 동일한 것의 다른 이름일 뿐이다. 장자 역시 그렇게 생각했다. 그는 양행兩行을 이야기하는데, 양행이란 옳고 그름이 함께 통하는 경지다. 나의 주관은 절대적이지 않다. 그저 사회적으로 형성된 것일 뿐이다. 옳고 그름은 시대와 사회에 따라 달라지고, 시대와 사회의 규범 역시 상대적이다. 기억하자. 우리에게 옳음은 그저 '우리의 옳음'일 뿐이다. 더욱이 우리는 같은 사회를 살면서도 각자의 옳고 그름을 이야기한다.

**나와 당신이 논쟁을 했을 때, 당신이 나를 이기고 내가 당신을 이기지 못했다면, 당신은 옳고 나는 그른 것인가? 내가 당신을 이기고 당신이 나를 이**

**기지 못했다면 내가 옳고 당신은 그른 것인가? 아니면 옳기도 하고 그르기도 한 것인가? 둘 다 옳거나 둘 다 그른 것인가? 나와 당신은 이를 어떻게 판단할지 알 수 없다. 더욱이 많은 사람들이 본시 현명치 못하고 어두우니, 나는 누구에게 판단토록 할 것인가? 당신과 같은 견해를 지닌 사람에게 판단케 한다면 이미 그는 당신과 같은 견해이니 올바로 판단할 수 있겠는가? 나와 같은 견해를 지닌 사람에게 판단케 한다면 이미 그는 나와 같은 견해이니 올바로 판단할 수 있겠는가? 나나 당신과 다른 견해를 지닌 사람에게 판단케 하면 이미 그는 우리와 다른 생각을 하는 사람이니 어떻게 올바로 판단할 수 있겠는가? (중략) 따라서 나나 타인이나 어떻게 판단해야 할지 모르는데 누구를 기다려야 하는가? – 〈제물론〉**

장자는 옳고 그름에 대한 생각이 사람들의 주관에 의한다고 말한다. 사실 대부분의 문제는 옳고 그름에 있지 않다. 이는 '틀리다'와 '다르다'를 구별하는 것과 같다. 우리는 다름을 말해야 할 때, 틀림을 이야기한다. 어떤 곳을 갈 때, 어떤 이는 걷는 것을 좋아하지만 어떤 이는 자전거 타는 것을 좋아한다. 또 어떤 이는 자동차를 이용하는 것을 좋아한다. 이것은 취향의 문제이지 가치판단의 문제가 아니다. 그런데 자전거를 타는 사람은 걷는 것이 틀렸다 하고, 걷는 사람은 자동차를 타는 것이 잘못되었다 하고, 자동차를 타는 사람은 걷거나 자전거를 타는 것이 미련하다고 한다. 단지 취향의 차이에 옳고 그름을 따지니, 어찌 문제가 아니겠는가.

그런데 옳고 그름이 모호하다면, 우리는 어떻게 판단해야 할까? 장자는 "성인은 상대적인 말에 말미암지 않고 모든 대립을 넘어선 하늘(자연)에 비춰 본다"라고 말했다. 대상을 벗어나고 자아를 초월함으로써 옳고 그름의 경계를 벗어날 수 있다는 이야기다. 그러나 장자의 말은 우리 현실과 너무 멀어 보인다. 우리는 초월자가 아니지 않은가. 하지만 포기는 이르다. 비록 세상의 모든 일에 초월하진 않더라도 우리는 고전을 통해 한 걸음씩 생각의 한계를 넓힐 수 있다.

## 내가 아는 것이 전부는 아니다

**혜자가 장자에게 말했다. "위나라 왕이 내게 큰 박씨를 주어 내가 이것을 심었는데, 박의 속이 다섯 섬이나 되어 수장(水漿, 마실 것)을 담으려 해도 무거워 들 수가 없었다네. 이것을 쪼개 표주박을 만들었지만 너무 얇아서 다른 것을 담을 수 없었지. 그것이 그렇게 크지 않은 것은 아니지만 나는 쓸 곳을 찾지 못해 부숴버렸네." 장자가 말했다. "자네는 큰 것을 쓰지 못하는군. 송나라 사람 중에 손이 트지 않게 하는 약을 가진 이가 있었는데, 대대로 세탁**

업에 종사했다네. 한 손님이 그것을 듣고 약을 만드는 방법을 백금百金에 사고자 하니 주인이 가족과 함께 의논하기를 '우리가 대대로 세탁업을 했지만 번 돈이 몇 푼에 불과했는데, 이제 백금을 준다 하니 그것을 팝시다' 했지. 손님은 약 만드는 방법을 가지고 오나라로 가 오왕을 설득했다네. 때마침 월나라와 전쟁이 있었는데, 오왕이 그를 장수로 삼아 싸우게 하여 겨울에 월나라와의 수전水戰에서 월나라를 대패시켰지. 그래서 오왕은 그를 제후로 삼았다네. 손이 트지 않게 하는 방법은 한가지이지만 어떤 사람은 이것으로 제후가 되고 어떤 사람은 세탁업을 면치 못하게 되는 것은 쓰는 곳이 달랐기 때문이라네. 어찌 자네는 다섯 섬들이 박이 있는데 그것으로 큰 술통을 만들어 강호에 띄울 생각은 하지 않고 쪼개면 얕아서 다른 것들을 담지 못할 것만 생각하는가. 참으로 옹졸하군."

혜자가 장자에게 말했다. "내게 큰 나무가 있는데, 사람들은 가죽나무라고 하더군. 그 큰 줄기에 옹이가 있어 먹줄을 댈 수 없고, 작은 가지는 꼬불꼬불 뒤틀려 자로 잴 수 없으니, 땅 위에 있어도 목수가 거들떠보지도 않네. 지금 자네의 말은 크지만 쓸모가 없어 뭇사람들이 모두 가버리는 걸세." 장자가 말했다. "자네는 살쾡이를 보지 못했군. 몸을 낮게 하여 먹이를 기다리다가 동서로 뛰어오르며 높고 낮은 곳을 가리지 않다가, 덫에 걸리거나 그물에 걸려 죽지. 이우라는 소는 하늘에 드리운 구름처럼 크지만 쥐를 잡지 못하네. 지금 자네에게 큰 나무가 있어 그 쓰지 못함을 근심하는데, 어째서 그 나

**무를 아무것도 없는 마을 광막한 들에 심으려 하지 않는가. 그리고 그 나무 주위를 하릴없이 방황하고 소요하면서 그 나무 아래 누워 잠잘 것을 생각지 못하는가. 그러면 도끼에 잘리지도 않을 것이고 아무에게 해로움도 없을 것이니, 쓸데가 없다 한들 어찌 그것을 괴로워하겠는가." – 〈소요유逍遙遊〉**

장자는 혜자와 '생각에 따라 바뀌는 사물의 쓰임'에 대해 대화한다. 우리는 사물을 보면 먼저 일차적인 가치, 즉 일반적으로 그것을 쓰는 방법만 떠올린다. 그러나 장자는 다르게 생각하라고 말한다. 손이 트지 않는 약은 빨래를 하는 사람에게는 그저 빨래를 돕는 도구에 불과하지만, 겨울날 수전을 치를 때는 대단한 비기秘器가 되니 말이다. 혜자가 가죽나무를 쓸모없다고 여긴 것은, 나무는 목재로 사용할 수 있어야 한다는 고정관념 때문이었다. 그러나 장자는 그 나무를 넓은 들에 심고 그 나무 아래에서 유유히 노닐라 하면서, 나무를 베지 않고도 오래도록 향유할 수 있는 방법을 이야기했다. 쓸모없는 나무는 그렇게 크게 쓰이게 된다. 이처럼 장자가 일차적인 가치와 고정관념을 벗어날 수 있었던 이유는 '상대적인 생각'을 가졌기 때문이다.

한편《장자》에는 송나라 사람이 모자를 팔러 월나라에 갔는데, 월나라 사람들은 머리카락을 자르고 문신을 해서 모자가 소용없었다는 이야기가 나온다. 현대에도 비슷한 일이 벌어졌는데, 러시아에 진출한 한 돌침대 회사가 처음에 고전을 면치 못한 것도 송나라 사람과 같은 생각을 했기 때문이다. 러시아인들은 죽은 자가 돌에 눕는다는 관념을 가지고 있었던 것이다. 생각을 뒤집을 때, 그 중심은 내가 아니라 상대다. 상대는 사람만을 지칭하지 않는다. 사물, 사회, 제도 등 나와 마주한 모든 대상이 상대가 된다. 그 상대를 중심으로 놓고 생각할 때, 생각은 뒤집힌다.

**북쪽 바다에 물고기가 있는데, 이름하여 곤이라 했다. 곤의 크기는 몇 천 리나 되는지 알 수가 없었다. 이것이 변해 새가 되면 그 이름을 붕이라 했다. 붕의 등도 그 길이가 몇 천 리인지 알 수가 없었다. 붕이 한번 날아오르면 그 날개는 하늘에 드리운 구름과 같았다. 이 새는 바다에 태풍이 불면 남쪽 바다로 이동하게 된다. 남쪽 바다란 천지를 말한다.**
**《제해》는 괴이한 일을 기록해놓은 책이다. 《제해》에 기록되기를, "붕이 남쪽 바다로 옮아갈 때에는 물을 쳐 올리되, 그 높이가 삼천 리나 되고, 회오리 바람을 타고 구만 리나 날아올라 여섯 달 만에야 쉰다"라고 했다. (중략) 매미와 작은 새는 그것을 보고 웃으며 말한다. "우리는 있는 힘을 다해 팔짝 뛰어 날아야 겨우 느릅나무 위에 올라 머물 수 있다. 때로는 거기에도 이르지 못하고 땅에 떨어지는데, 무엇 때문에 구만 리를 날아 남쪽으로 가는 것**

**일까?"**

**가까운 교외로 나가는 사람은 세 끼 밥을 먹고 돌아와도 배가 여전히 부를 것이나, 백 리 길을 가는 사람은 전날 밤에 양식을 절구에 찧어 준비해야 하고, 천 리 길을 가는 사람은 석 달 동안 양식을 모아 준비해야 한다. 그 두 마리의 작은 벌레가 그런 사실을 어찌 알겠는가!** – 〈소요유〉

우리는 우리가 처한 상황을 전부로 안다. 그래서 갇힌다. 자신의 처지에 갇히고 자신의 생각에 갇힌다. 갇혀서는 밖을 볼 수 없다. 그래서 모르는 것인데, 모르는 것이 없다고 말한다. 때로는 자신이 모르는 것일 뿐인데, 그것을 거짓으로 여긴다. 장자가 우리에게 던지는 가장 강력한 메시지는 틀을 깨라는 것이다. 자신이 만든 한계를 넘어 한 단계 높은 세계로 나아가라는 것이다.

우리가 '아는' 세상과 우리가 '사는' 세상은 다르다. 자신이 아는 것을 전부라고 여기지 말자. 아는 것보다 모르는 것, 본 것보다 보지 못한 것을 생각할 때, 생각의 폭이 넓어지고 우리 세상의 크기도 달라진다.

# 고정불변은 존재하지 않는다

**– 토머스 쿤 《과학혁명의 구조The Structure of Scientific Revolution》 –**

## 과학은 정말 객관적일까?

암흑의 시대라고 불리는 중세시대에는 모든 지식이 진리로 인정되기 위해서는 종교의 권위를 빌려야 했다. 그런데 현대사회에서는 사람들이 자신의 주장을 정당화하고자 할 때 흔히들 권위 있는 증거로서 과학을 제시하고 싶어 한다. 그래서 자신의 주장이 과학적 의견이라고 강조하거나, 그것이 최소한 과학이 제시하는 사실들에 어떻게든 연결됨을 보이려고 노력했다.

과학에 대한 신뢰감은 어디에서 나온 것일까? 언뜻 생각해보면 여러 가지 문명의 이기들을 만들어낸 과학의 위력에 대한 존경심 때문일 수도 있다. 그러나 좀 더 따지고 들어간다면 그것은 과학에 대한 일반화된 관념 때문이다. 즉, '과학은 객관적이며 경험적으로 증명할 수 있고, 그 연구는 항상 엄밀하고 합리적인 방식으로 진행된다'는 과학관이 신뢰의 밑바닥에 깔려 있다. 이런 과학관은 거의 모든 사람들에게 상식으로 받아들여졌으며, 1950년대 중반까지 거기에 이의를 제기한다는 것은 꿈에서조차 생각하기 힘든 일이었다.

그러나 1950년대 후반부터 부분적으로 이런 과학관에 대한 의문이 조심스럽게 제기되기 시작했다. 그리고 1962년, 토머스 쿤의《과학혁명의 구조》가 발표되면서 결정적인 타격이 가해졌다. 과학이 반드시 객관적이거나 합리적으로 진행되는 것은 아니라는 사실이 쿤의 과학사 연구를 통해서 제시된 것이다. 그는, 일반적인 생각과는 달리, 실제의 과학에서는 과학자 집단의 권위와 과학자 개인의 주관적 신념이 많은 역할을 한다고 주장했다. 더불어 '과학의 역사는 하나의 신념에 입각한 지배적 이론이, 새로운 신념에 입각한 또 다른 이론에 의해 혁명적으로 교체되는 방식으로 발전한다'는 것을 과학사의 사실들을 가지고 설득력 있게 풀어냈다.

**새로운 패러다임의 승인은 필연적으로 상응하는 과학을 재정의하도록 하는 경우가 많다. 옛날 문제들은 더러 다른 과학 분야로 이관되거나 또는 완전히 '비과학적인' 것이라고 선언된다.**

## 과학이 변화하는 단계들

《과학혁명의 구조》는 과학의 발전은 전통 과학자들이 생각하는 것처럼 새로운 지식이 차곡차곡 쌓이며 이뤄지는 것이 아니라는 주장을 핵심으로 한다. 기존의 정치제도가 거기에서 파생되는 문제들을 해결할 수 없게 될 때 혁명이 일어나듯 과학에서도 혁명이 일어나는데, 과학에서 정치·사회제도에 해당하는 것이 바로 '패러다임'이다. 쿤은 아리스토텔레스의 《자연학Physica》, 뉴턴의 《프린키피아Principia》 등을 예로 들면서 패러다임을 이야기한다.

**그것들의 성취는 과학 활동의 경쟁 방식으로부터 끈질긴 옹호자들의 무리를 떼어낼 만큼 전대미문의 것이었다. 동시에 모든 유형의 문제들을 연구자들의 재편된 그룹이 해결하도록 남겨놓을 만큼 상당히 융통성이 있었다. 이 두 가지 특성을 띠는 성취를 이제는 패러다임이라고 부르기로 한다.**

패러다임은 고정불변의 것이 아니다. 패러다임이란 '특정 시기의 과학자 집단이 공유하는 문제 해결의 모델'이다. 그런데 이 패러다임이 해결할 수 없는 문제들이 증가할 경우, 혁신적인 과학자들이 새로운 패러다임을 들고 나온다. 새로운 패러다임은 과거의 패러다임과 경쟁을 벌이고, 급기야 새것이 낡은 것을 대체하게 된다. 이런 패러다임의 교체가 바로 '과학혁명'이다.

쿤의 이론에서 패러다임은 핵심적인 지위를 차지하는 개념이다. 그에 따르면, 대부분의 과학적 연구 활동들은 새로운 이론을 탐구하는 작업이 아니라 이미 과학자 집단에 의해 공인된 패러다임을 적용하여 새로운 문제들을 해결해가는 작업이다.

한편 쿤은 역사적 고찰을 통해, 과학이 성숙되지 못한 시절에는 자신의 주장이 참이라고 여기는 여러 학파들이 난립하여 제각기 경쟁하는 시기가 있었다고 지적했다. 예를 들어 전기학에서는 벤저민 프랭클린Benjamin Franklin의 이론이 하나의 패러다임으로 정착하기 전까지 프랜시스 헉스비Francis Hauksbee, 샤를 뒤페Charles François de Cisternay Du Fay, 장 앙투안 놀레Jean Antoine Abbé Nollet 등의 전기 실험가들이 동일한 전기현상에 대해 각기 다른 방식의 설명을 제시했다. 따라서 이 시기에는 전기 실험가의 수만큼이나 전기의 본질에 관한 다양한 견해가 존재했다. 이는 패러다임 이전 시기에 있는 모든 과학 분야에서 나타나는 공통적인 현상이다. 공유된 하나의 기준이 없을 경우, 사람들은 제각각의 방법으로 자신의 학설을 표현하고 입증하려고 한다. 설명의 방법에 따라 학설은 참이 될 수도 있고 거짓이 될 수도 있다.

그러다가 과학이 성숙되는 과정에서 하나의 학파가 승리함으로써

'정상 과학'의 단계가 시작된다. 쿤에 따르면 정상 과학은 '그 분야의 모든 과학자가 하나의 패러다임에 근거하여 연구 활동을 진행하는 과학'을 의미한다. 그래서 정상 과학의 연구는 패러다임으로 확립된 선배 과학자들의 문제 해결 방식을 모델로 한다. 정상 과학에서의 문제 해결 작업은 이미 답이 주어져 있다고 확신하며 진행하는 수수께끼 풀이와도 같은 것이다.

하지만 과학 연구를 진행하다 보면 기존의 이론과 맞지 않는 현상들이 나타나게 마련이다. 연구가 진행됨에 따라 이런 변칙적인 현상들이 증가하면 문제가 심각해진다. 과학자들은 패러다임을 변형시킨다든가 보조 가설을 세움으로써 기존 패러다임을 유지하려고 애쓴다. 그러나 현재의 패러다임으로 설명할 수 없는 '변칙성'이 증가함에 따라 패러다임은 위기 상태에 빠지게 된다. 소수의 혁신적인 과학자들에 의해 새로운 패러다임들이 출현하게 되고, 이것들은 기존 패러다임과 경쟁을 벌인다. 그러다가 새로운 패러다임들 중 하나가 승리하면, 새로운 정상 과학의 시기가 시작된다.

이와 같은 패러다임의 교체 과정을 쿤은 '과학혁명'이라고 부른 것이다. 과학혁명은 마치 정치혁명처럼 기존의 패러다임이 위기 상황을 제대로 해결하지 못해 새로운 패러다임으로 대체되는 과정을 가리킨다. 과학혁명과 정치혁명의 유사성은 또 다른 점에서도 발견된다. 정치혁명에서는 새로운 정치체제의 선택이 합리적인 방식이 아니라 설득이나 다수의 지지에 의해 결정된다. 과학혁명에서 새로운 패러다임의 선택 과정 또한 객관적 증거와 논리에 의해 이뤄지는 것이 아니다. 하나의 패러다임이 과학자 집단을 설득하여 다수의 동의를 얻음으로써 이뤄진다. 쿤은 이런 과학혁명의 예로, 클라우디오스 프톨레마이오스Claudios Ptolemaeos의 천동설에서 코페르니쿠스의 지동설로의 변혁, 뉴턴의 역학에서 알베르트 아인슈타인Albert Einstein의 상대성이론으로의 변혁 등을 제시한다. 쿤이 제시한 과학혁명의 구조를 요약하면 다음과 같은데, 이는 모든 과학에 빠짐없이 적용할 수 있는 구조라기보다는 가장 전형적인 구조다.

**전 패러다임기 – 정상 과학 – 위기 – 경쟁적 패러다임의 출현 – 과학혁명 – 새로운 정상 과학**

## 패러다임, 기존의 과학관을 뒤집다

《과학혁명의 구조》는 1962년에 출간되기 무섭게 격렬한 비판과 뜨거운 찬사를 동시에 받았다. 미국의 자연과학 전문지 〈사이언티픽

아메리칸Scientific American〉은 쿤에게 최악의 서평을 선사했고, 완고한 과학자들이 비판에 가세했다. 그러나 과학자들의 찬사 또한 만만치 않았고, 갈채는 과학 밖에서도 들려왔다. 책은 과학을 주제로 한 철학서치고는 꽤 인기가 높아, 1990년대 초까지 16개 언어로 번역 출판되어 백만 부가량 팔렸다. 사회학과 정치학 등 비자연과학 분야에서는 '패러다임'이란 용어가 유행처럼 사용되기 시작했다.

비판론자와 찬성론자의 시선이 동시에 꽂힌 곳은 과학의 객관성, 합리성, 엄밀성 따위에 대한 쿤의 비판이었다. 그는 과학혁명은 객관적 증거나 논리에 의해 이뤄지는 것이 아니라고 말했다. 쿤에 따르면 하나의 패러다임이 과학자들 사이에서 공유되는 정상 과학의 시기 동안 과학자들이 전통적인 과학관의 주장대로 객관적인 눈을 통해 자연을 관찰하는 것은 아니다. 과학자는 교과서에서 습득한 세계관과 가치 기준, 문제 해결 방식에 따라 대상을 바라보고 연구한다. 과학자의 연구에는 그의 주관이 강력하게 영향을 미친다는 것이다. 그래서 실제 관찰에서 패러다임에 부합하지 않는 사례들이 발견된다 하더라도 초기에는 크게 동요하지 않는다. 그런 결과는 기껏해야 '예외'로 인정될 뿐이다. 이쯤에서, 객관적이고 합리적인 것으로 신성시되던 과학 연구는 그 신화적 광채를 잃어버린다.

쿤의 주장은 여기에서 더 나아간다. 과학 연구의 대상이 되는 자연현상조차 사람에 따라 달리 선택된다는 것이다. 바라보는 이의 선입견과 그 사람의 시대를 지배하는 패러다임에 따라 연구하는 자연현상이 달라지고, 그 현상 중 강조하는 측면도 달라진다. 과학자들은 주로 자신의 주장을 입증하기에 유리한 현상들만을 강조하고 불리한 현상들은 외면하려고 한다. 관찰 대상의 선택에 관찰자의 주관적인 생각이 영향을 미치고, 관찰자의 생각은 또한 특정 패러다임의 지배하에 있을 때, '과학 연구는 과학자의 주관적인 가치관과는 별개로 경험적 관찰만을 통해서 이뤄진다'는 '과학의 가치중립성'을 믿는 전통이 무너지지 않을 수 없다.

서양의 중세가 '종교의 시대'로 기록되었듯, 20세기는 '과학의 시대'로 기록되었다. 이런 20세기의 한복판에서 토머스 쿤은, 자신이 원했든 원하지 않았든, 기존의 과학관을 전복시킨 혁명가였다.

## 행복은 어디에 있는가?

우리는 때때로 외롭고, 괴롭고, 분노하기도 한다. 그럴 때면 세상이 나를 포위한 적처럼 느껴진다. '나는 왜 이렇게 힘들까?', '나를 도와줄 사람이나 방법은 없을까?', '나는 어떻게 살아야 할까?'

이런 현실을 살아가면서 인간은 괴로움 없는 세상을 늘 동경해왔다. 토머스 모어는 유토피아라는 가상의 공간을 만들어냈고, 혜능慧能은 고통 없는 세상을 자신의 마음에서 찾는다. 그렇다면 행복이란 밖에 있을까, 안에 있을까?

모두가 '행복'을 이야기하지만, 행복하기가 쉽지 않은 세상이다. 무한경쟁시대에 이제는 행복마저 의무이자 능력이 되어버린 것 같다. 하지만 그럼에도 우리는 행복해야 한다. 행복은 의무가 아니라 권리다. 무엇에서 행복을 느끼고 어떻게 행복을 누릴지 행복의 대상과 그것을 느끼는 방법은 각기 다르겠지만, 누구나 행복을 추구한다. 내가 바라는 행복은 과연 무엇일까? 그 구체적인 모습을 떠올리기 위해 세상의 소리, 그리고 내 마음의 소리에 귀를 기울여보자.

# 낙원은 어디에도 없고, 어디에든 있다

**– 토머스 모어 《유토피아》 –**

## 우리는 늘 낙원을 꿈꾼다

사람이 이상향理想鄕을 꿈꾸는 것은, 사람이 이 땅에 생기면서부터였을지도 모른다. 기독교에서 이야기하는 최초의 인간, 아담과 이브는 젖과 꿀이 흐르는 낙원, 에덴동산에서 쫓겨났다. 그곳은 다시 돌아가야 하지만 갈 수 없는 곳이 되었다. 장자는 《장자》 〈소요유〉에서 세속적인 번거로움이 없는 자연 그대로의 이상향, 무하유지향無何有之鄕을 말한다. 잃어버린 낙원이든, 만들어야 할 낙원이든 사람들은 언제나 낙원, 즉 유토피아를 꿈꾼다. 그러나 우리는 낙원이 어떤 모습인지 모르며, 그곳은 문학과 상상에서만 만날 수 있다. 토머스 모어는 유토피아를 이렇게 그린다.

**유토피아는 세계에서 가장 좋은 국가일 뿐만 아니라, 공화국이라고 부를 수 있는 유일한 국가이기도 합니다. 다른 곳에서는 사람들은 입만 열면 공공의 이익을 말하지만 실제로는 개인 재산만 돌보고 있습니다. 유토피아에서는 사유재산이 없기 때문에 사람들은 사회에 대한 의무에 열성을 기울입니다.**

모어가 그린 유토피아는 이상의 공간이지만 현실적인 모습이다. 그의 유토피아는 단지 기름진 땅과 아름다운 경관을 자랑하는 곳이 아니다. 정치·경제·사회·문화 등 인간의 전 분야가 어우러진, 사람과 사람의 관계에서 지속 가능한 제도가 존재하는 곳이다. 이는 그 시작이 치열한 현실 인식에 있기 때문이다.

## 양이 사람을 잡아먹는다?

《유토피아》의 원제목은 '사회생활의 최선의 상태에 대한, 그리고 유토피아라고 불리는 새로운 섬에 대한 유익하고 즐거운 저작'이다. 모어 이래 유토피아는 이상향이라는 의미를 갖게 되었다. 그러나 유토피아의 본래 뜻은 이상향이 아니다. 그리스어 'ou-(없는)'와

'topos(장소)'의 복합어로, 어디에도 없는 땅이라는 뜻이다.

모어는 왜 어디에도 없는 나라의 이야기를 썼을까? 만일 현실을 지옥이라고 여긴다면 이상향은 현실과는 정반대의 모습이 될 것이다. 모어의 인식도 그랬다. 그가 직시한 현실은 그가 그린 유토피아와 반대다. 그래서《유토피아》는 현실과 이상을 동시에 묘사한다.

당시 현실에서 가장 큰 문제는 무엇이었을까? 바로 경제다.《유토피아》는 영국에서 자본의 원시적 축적이 진행되던 시대에 저술되었다. 원시적 축적을 대변하는 현상이 당시 강하게 일던 인클로저운동이다. 영국에서는 영주와 대지주가 자신의 사유지를 넓히기 위해 혈안이 되어 있었다. 목양업을 하기 위해 그들은 개방지, 공동 방목지, 황무지를 가리지 않고 담과 울타리를 쌓았다. 담과 울타리는 사유지의 경계를 표시했고 농민들은 토지를 잃었다. 이는 농민을 토지로부터 강제로 추방한 것이나 마찬가지였고, 추방당한 농민들은 유랑민이 되어 유리걸식하는 비참한 삶을 살아야 했다.

총 두 권으로 구성되는《유토피아》제1권에서 주인공 중 한 명인 라파엘은 당시 진행되던 인클로저운동에 대해 신랄하게 비판한다.

**양입니다. 아주 조금밖에 먹지 않는 것이 보통인 이 유순한 짐승이 이제는 사나운 식욕을 갖게 되어 사람까지 먹어치우게 된 것 같습니다. 들과 집과**

도시, 모든 것을 짓밟아버립니다. 더 쉽게 말씀을 드리면 최상의, 그리고 가장 값비싼 양모를 산출하는 지방에서는 귀족과 지주, 심지어 몇몇 성직에 있는 수도원장까지도 그들의 선조들이나 선임자들이 토지로부터 거두던 이익에 점점 불만을 갖게 되었습니다.

그들은 이미 게으르고 안락한 생활 — 이것은 사회에 조금도 이익이 되지 않습니다 — 만으로는 만족하지 못합니다. 그들은 소유지를 모두 목장으로 만들고, 아무도 경작을 못 하게 해서 사회에 적극적으로 해를 가하지 않을 수 없게 된 것입니다. 그들은 심지어 가옥을 헐어내고 전 촌락을 철거하고 있습니다. 물론 교회만은 제외하고.

그 결과 어떤 일이 일어날까요? 한 명의 탐욕스러운 인간이 마치 악성종양처럼 그의 고향을 먹어치우고, 차례차례로 전야田野를 흡수해서 수천 에이커를 울타리 하나로 둘러막아버립니다. 결과는 수만 명의 농민들이 축출당하는 것입니다. 농민들은 기만당하거나 협박이 두려워 억지로 소유지를 포기하거나, 학대에 못 견뎌 끝내는 땅을 팔아치우는 것입니다.

어떠한 수단을 썼든 간에 이 가엾은 사람들, 남자와 여자, 남편과 아내, 과부와 고아, 어머니와 갓난애는 그들의 모든 고용인 — 고용인이 많다는 것은 부유하다는 표시가 아니라, 단지 많은 인력이 없이는 농장을 경영할 수 없다는 표시입니다 — 과 함께 떠나가지 않으면 안 되는 것입니다. 그들은 정든 집을 떠나야 하는데, 다른 곳에서는 살 만한 곳을 찾지 못합니다.

**그들의 모든 세간은 적절한 흥정이 이뤄지기까지 기다린다고 하더라도 별로 값이 나가지 못합니다. 그러나 그들은 적절한 흥정을 기다릴 여유가 없어서 아주 헐값으로 팔아버립니다. 그리고 그들이 잠시 동안 여기저기를 유랑하는 사이, 이 적은 돈을 모두 없애버리면 훔치는 것 이외에는 별 도리가 없지 않습니까? 그래서 판에 박은 듯이 교수형을 당할 도리밖에 없지 않습니까?**

양털 값이 오르기 때문에 양을 번식시켜야 한다. 그것은 많이 가진 자가 더 많이 갖기 위한 탐욕의 표현이었다. 논도 밭도 모두 양을 키우는 공간으로 바뀌었다. 논과 밭에서 경작하던 사람들은 그곳에서 쫓겨나야 했다. 반면 다수의 귀족들은 아무 일도 하지 않았다. 그들은 다른 이의 노동을 착취하여 자신의 안락한 삶을 영위했다. 힘없고 가난한 사람들만 엄격한 법률에 희생당할 뿐이었다. 사회의 체제가 바뀌지 않으면 비참한 현실은 바뀌지 않을 터였다. 모어는 이런 사회의 악습을 철폐하고 사람들이 살길을 마련해줘야 한다고 생각했다. 그러나 기득권 세력은 자신이 가진 것을 내놓으려 하지 않았다. 현실에서 현실을 바꾸는 것은 불가능해졌다. 이때 모어가 선택한 방법이 새로운 세계, 유토피아를 그려내는 것이었다.

## 영원히 불가능한 것은 없다

영국 사회에 대한 신랄한 비판 후에 라파엘은 우리를 유토피아 섬으로 안내한다. 이 섬에 대한 이야기가 《유토피아》 제2권의 내용이다. 유토피아는 극소수의 법률로 만사가 순조롭게 운영되고, 덕이 존중되며, 모든 사람이 모든 것을 풍부히 갖고 있는 나라다.

> **다른 공화국에서는 자기 나라가 아무리 번영하고 있다고 하더라도 스스로 자기 자신을 돌보지 않으면 굶어 죽게 된다는 것을 사실상 누구나 알고 있습니다. 그러므로 그는 사회의 이익보다 자기 자신의 이익을 우선하지 않을 수 없는 것입니다. 그러나 유토피아에서는 모든 것이 공공 소유로 되어 있기 때문에 공동 창고가 가득 차 있는 한, 결핍을 두려워할 필요가 없습니다. 누구나 공정한 분배를 받기 때문에 가난한 사람이나 거지가 있을 수 없습니다. 재산을 가진 사람은 하나도 없으나, 누구를 막론하고 부자인 것입니다. 이런 나라에서 쾌활성, 마음의 평화, 불안으로부터의 해방보다 더 큰 재산은 무엇일까요?**
>
> **식량 공급을 걱정하거나 아내의 애처로운 요구를 듣고 마음이 상하거나 딸의 지참금을 마련하기 위해 애쓸 필요가 없고, 따라서 유토피아인들은 그와 그의 아내, 그의 자식, 손자, 증손자, 고손자 등 자손이 번성한 집안에서**

**바라는 대로 대가 이어지더라도 항상 먹을 것이 충분하며, 언제나 행복할 것임을 확신할 수 있는 것입니다. 또한 나이가 들어 일을 못 하게 되더라도 아직 일하고 있는 사람들과 마찬가지로 장래가 보장됩니다.**

유토피아에서는 농업이 근간을 이루는데, 일을 하지 않는 자, 게으른 자는 유토피아에서 살 수 없다. 또한 여섯 시간의 노동 외에는 자유를 누린다. 그런데 모어는 왜 여섯 시간 노동을 주장했을까? 사회 구성원 모두가 노동에 참여한다면 이 정도 노동시간만으로도 필수품이나 안락한 생활에 필요한 모든 것을 공급하는 데 충분하다고 생각했기 때문이다. 유토피아의 또 다른 특징은 금을 배척하는 사상이다. 모어의 금에 대한 경멸은 금의 쓰임새에서도 드러나, 유토피아에서 금은 변기를 만드는 데 사용된다.

《유토피아》는 단순히 몇 개의 제도에 대해서만 논하지 않는다. 이 책은 생활 전반에 걸친 문제들을 거론하는데, 빈부 문제뿐 아니라 의료와 육아까지 다양하게 이야기한다.

**환자들은 누구보다 먼저 특별 배려를 받습니다. 그들은 공공 병원에서 지냅니다. 성곽 바로 밖의 교외에 네 개가 있습니다. 이 병원들은 조그마한 마을들에 비할 수 있을 만큼 널찍합니다.**

이처럼 모어가 유토피아를 이야기한 주목적은, 당시 진행되던 인클로저운동 및 그로 인해 야기되는 사회적 문제에 대한 강력한 비판을 제기하기 위해서다.

모어의 유토피아는 영국의 소설가 제임스 힐턴James Hilton이《잃어버린 지평선Lost Horizon》에서 그렸던 샹그릴라와는 다르다. 가상의 세계라는 점에서 샹그릴라와 유토피아는 공통점을 갖지만, 늙지 않고 영원한 행복을 누릴 수 있는 아름다운 샹그릴라는 현실을 기반으로 하지 않는다. 반면 모어는 유토피아에서 하나의 사회모델을 제공한다. 모어가 그려낸 유토피아의 세계는 사회에서 억압받고 고통받는 사람들이 염원하는 세계라고 할 수 있다. 그것은 수천 년의 역사 속에서 면면히 이어져 내려오는 인류의 오랜 염원이기도 하다.

비록 유토피아가 실현 가능성이 없음을 전제하지만 그것이 던져주는 메시지는 분명하다. 한 시대에 불가능한 것이 영원히 불가능한 것일 수는 없다. 토머스 모어가 그린 유토피아는 당시에는 불가능한 것이었지만, 그것을 향한 인류의 염원은 계속되고 있고, 그 염원을 실현하기 위한 역사의 수레바퀴는 지금 이 순간에도 굴러가고 있다.

# 마음 한번 바꾸면 지옥도 극락이라

**– 혜능 《육조단경六祖壇經》 –**

## 문제는 '마음'에 있다

불교에서는 탐욕貪慾·진에瞋恚·우치愚癡의 탐·진·치를 깨달음을 방해하는 근본적인 세 가지 독, 삼독三毒이라고 한다. 이 욕심과 노여움과 어리석음의 삼독을 이기기 위해서는 계율戒律·선정禪定·지혜智慧, 계·정·혜의 삼학三學을 얻어야 한다. 계를 통해 몸과 입과 마음으로 그릇됨을 범하지 않고, 정을 통해 마음을 고요히 하며, 혜를 통해 지혜를 깨달아야 한다. 불교의 궁극적인 목적은 이렇게 깨달음을 얻어 번뇌와 윤회의 수레바퀴에서 벗어나는 것이다.

그런데 목적지가 같아도 가는 방법이 하나만일 수는 없다. 불교에는 경전에 나오는 석가모니의 가르침을 주로 연구하는 '교종'과 참선과 수행을 통해 석가모니가 도달한 깨달음의 경지에 이르고자 하는 '선종'이 있다. 원래 불교에서는 경전을 통한 연구와 깨달음을 위한 수행이 둘이 아니었다. 그러나 시간이 흐르면서 그중 한 가지를 중시하는 경향이 자연스럽게 발생하여 교종과 선종이 분화된 것이다.

혜능은 중국 선종의 제6조로, 육조대사라고도 한다. 중국의 선종은 소수의 수행승들 중심으로만 전래되다가 혜능에 이르러서야 대중적으로 크게 확산된다. 특권층만이 아니라 일반 민중들도 선불교를 접하게 되면서 비로소 중국 전역에 뿌리를 내리게 된 것이다.

《육조단경》은 혜능의 생애와 가르침을 담고 있는 책이다. 원제목은 '육조대사법보단경'으로, 혜능이 광둥성 대감사에서 행한 설법을 모은 것이다. 이 책은 심오한 불교의 진리를 보통 사람들도 조금만 정성을 들이면 쉽게 이해할 수 있도록 풀어 밝힌다.

혜능은 《육조단경》을 통해 마하반야바라밀의 큰 지혜를 말하고 있다. 그는 많은 사람들이 매우 어렵게 생각하는 공空 사상을 누구나 이해할 수 있는 언어로 쉽게 풀이했다. 혜능의 대중성이 드러나는 부분이다.

**선지식이여, 세계의 허공이 능히 모든 것을 포함하는 것이어서 해와 달과 별이며, 산과 물과 들이며, 풀도 나무도, 악인도 선인도, 극락도 지옥도, 모든**

**큰 바다도 수미산도 다 이 허공 속에 있나니, 세상 사람들의 성품이 공한 것도 또한 이와 같은 것이다.**

**선지식이여, 자성이 능히 모든 법을 포함하므로 큰 것이니, 만법이 다 모든 사람의 성품 속에 있느니라. 만일 모든 사람의 악과 선을 보더라도 취하고 버림을 없이하여, 거기에 물들어 걸리지 않으면 마음이 허공과 같나니, 이 것이 큰 것이다.** – 〈반야품般若品〉

뿐만 아니라 혜능은 당시에 사람들 사이에서 퍼지고 있던 정토신앙의 본질을 명쾌하게 밝힌다. 정토는 아미타불이 사는, 윤회와 번뇌에서 벗어난 세계다. 사람들은 그곳에 태어나기를 원했는데, 혜능은 정토가 마음에 있음을 밝힌다. 문제의 본질은 '마음'이라는 것이다.

**사군이여, 동방 사람(속세의 사람)이라도 마음만 깨끗하면 죄가 없는 것이요, 서방 사람(극락정토의 사람)이라도 마음이 깨끗하지 못하면 역시 허물이 있는 것이니, 동방 사람이 죄가 있을 때에는 염불함으로써 서방에 나기를 원하거니와, 서방 사람이 죄를 지었을 때에는 염불해서 어디에 나기를 원해야 할 것이냐.**

**범부들이 어리석어서 자성을 모르므로 제 몸속의 정토를 알지 못하고 동방이니 서방이니 하며 찾고 있지만, 깨달은 사람은 어디에 있어서나 한가지**

**라. 그러므로 부처님이 말씀하시기를 "머무는 곳을 따라서 항상 안락하다" 하셨느니라. 사군이여, 마음자리에 착하지 않은 것만 없으면 서방이 여기서 멀지 않으나, 만약 착하지 못한 마음을 품고 있으면 아무리 염불을 해봐도 거기에 태어나기 어려우니라.** – 〈의문품疑問品〉

이는 문제의 근원을 자신에게서 찾는 것이다. 또한 해결책도 자신에게 있음을 말하는 것이다. 그 자신이란 바로 자신의 마음이다. 마음을 어떻게 먹느냐에 따라 모든 외부의 사물이 달라진다. 기쁜 이에게는 아침이 축복이고 괴로운 이에게는 아침이 고통이다. 잠 못 드는 이에게 밤은 불면이고 피곤한 이에게 밤은 휴식이다. 낮과 밤은 동일하게 다가오지만 그것을 느끼는 사람의 마음은 제각각이다.

## 자신을 닦는 방법은 제각각이다

마음의 평정을 유지하는 것은 어렵다. 우리는 쉽게 치우치거나 기운다. 어떤 문제에서든 편을 가르고 내 편이 아니면 옳지 않다고 한다. 상대의 이야기를 들어보고 왜 그렇게 생각하는지를 묻지 않는다. 그러나 세상에 어디 절대가 있겠는가?

사람마다 자신을 다듬는 방법은 제각각이다. 무엇을 중요하게 생각하느냐는 사람마다 다르다. 불교의 수행도 그렇다. 사실 수행은 길을 가는 일과 같다. 천천히 경치를 보면서 걷고 싶은 사람이 있고 기차 타기를 좋아하는 사람이 있듯이, 사람마다 길을 가는 방법이 다를 뿐이다. 그러니까 어떻게 가느냐는 비난의 대상이 아니다. 하지만 혜능이 살던 시기에 사람들은 수행의 방법에 대해서 논란을 벌였다. 그것은 청정한 마음의 상태를 중시하는 '정定'과 지혜로움을 중시하는 '혜慧'의 논란이었다. 이 문제에 대해 혜능은 아주 명료하게 정리한다.

**선지식이여, 정혜가 무엇과 같으냐 하면 마치 등과 등불 빛 같나니, 등이 있으면 빛이 있고, 등이 없으면 빛이 없는 것이라. 등은 이 빛의 본체요 빛은 이 등의 작용이므로 등과 불빛이 이름은 비록 다르나 본체는 같은 하나인 것처럼, 정과 혜도 이와 같으니라.** – 〈정혜품定慧品〉

혜능은 마음의 본성을 정으로, 본체의 작용을 혜로 봤다. 그 둘은 따로 떨어진 것이 아니며 함께 닦을 때 진정한 수행이 이뤄진다. 마지막으로 혜능은 깨달음에 이르는 길에 대해 말한다. 깨달음에 이르는 대표적인 방법이 '돈頓'과 '점漸'이다. 돈이란 일시에 깨닫는 것을 말한다. 반면에 점은 깨달음을 얻은 후에도 그것을 굳건히 하기 위해

꾸준히 수양해야 함을 이른다. 이 논란에 대해 혜능은 이렇게 말한다.

**법은 본디 한 종이건만 사람에 남북이 있고, 법은 곧 한 가지이건만 보는 데 더딤과 빠름이 있나니, 어찌하여 돈과 점이라 하느냐? 법에는 돈과 점이 없건만 사람에게 날카롭고 무딤이 있으므로 돈과 점의 이름이 있느니라.** – 〈돈점품 頓漸品〉

깨달음은 사람에 따라 빠르고 더딤이 있지만, '깨달음의 내용'이 다른 것은 아니다. 결국 중요한 것은 깨달음으로 가는 일이지, 어떻게 가느냐가 아니다.

## 마음이 만든 일은 마음으로 해결하라

**마음이 평안한데 어찌 수고로이 계戒를 쥘 것이며**
**행함이 곧은데 어찌 선을 닦겠는가?**
**은혜로운즉 부모 공양 효도하고**
**의로운즉 위아래가 서로 친하며**
**양보한즉 높고 낮음이 화목하고**

인내한즉 뭇 악이 걸리지 않네

(중략)

잘못을 고치면 반드시 지혜가 생겨나고

허물을 두둔하면 마음 안이 어질지 않으니

하루를 삶에 항상 착한 일을 앞에 두라

도를 이룸은 재물을 보시하는 것에 있지 않네

도는 한결같이 마음에서 찾아야 하는 것을

어찌 수고로이 밖을 향해 현묘함을 구할 것인가?

- 〈의문품〉

혜능이 한결같이 말하는 것은 바로 스스로의 마음에서 답을 얻으라는 것이다. 조금 늦는다고 조금 떨어진다고 아파할 필요 없다. 조금 늦어도 갈 수 있다. 조금 떨어진다고 안 되는 것이 아니다. 늦었다고 멈추고 떨어진다고 포기하니, 가지 못하는 것이다. 그것이 마음이다.

마음이 만드는 일이니, 마음으로 해결해야 한다. 중요한 것은 자신의 마음을 닦는 일이며, 무엇이 다가오는가보다 그것을 어떻게 받아들이는가다. 똑같은 시련이 와도 누구에게는 자신을 단련할 기회이지만 누구에게는 넘지 못할 패배의 벽이 된다. 마음 한번 바꾸면 이렇게 달라진다.

## 국가란 무엇인가?

집은 울타리다. 우리는 그곳에서 비바람을 피하고, 추위를 녹인다. 단지 신체적인 보호만이 아니다. 기대고 의지할 가족들 곁에서 마음의 안정과 평화를 찾는다. 개인의 울타리가 집이라면, 국민의 울타리는 국가다. 우리는 국가가 비바람과 추위를 막아주기를 바라고, 안정을 가져다주기를 원한다.

사상의 역사는 어쩌면 더 나은 체제를 만들기 위한 생각의 역사일 것이다. 그 중심에 사회, 즉 국가가 있었다. '국가란 무엇인가?'는 결국 '국가가 누구를 위해 존재해야 하는가?' 그렇다면 '국가는 어떤 모습이어야 하는가?'란 질문으로 자연스럽게 연결된다.

공자가 천하를 돌아다니면서 인과 예를 설파한 것도, 플라톤이 철인정치를 주장한 것도 더 나은 체제를 만들기 위해서였다. 그리고 그 주장에는 그들이 살아가던 시대의 현실이 녹아 있다. 공자와 플라톤이 그렸던 이상 사회는 아직 오지 않았다. 하지만 우리 역시 그들처럼 이 시대의 현실을 들여다보고 더 나은 사회를 끊임없이 추구해야 한다.

# 나와 너, 그리고 모두가 하나 되는 사회

– 공자 《논어》 –

## 예를 통해 다스려지는 나라

공자의 이상향인 '대동사회'는 현재 중국이 목표로 하는 미래의 모습이기도 하다. 1978년 덩샤오핑은 개혁·개방을 선언하며 중국을 발전시킬 3단계인 '온포溫飽', '소강小康', '대동大同'의 '삼보주三步走'를 제시했다. 첫 번째 단계인 '온포'는 배부르고 등 따스운, 즉 먹고사는 문제가 해결된 사회를 말한다. 두 번째 '소강'은 먹고사는 문제에서 벗어나 어느 정도 생활을 영위할 수 있는 경지를 말한다. 현재 중국은 자신들이 소강사회에 진입했다고 평가한다. 마지막 '대동'은 모두가 화합하고 행복한 이상적인 경지를 이른다. 대동이 도달할 수 없는 이상 사회라면 소강은 현실에서 실현될 수 있다고 믿는 사회다. 이미

이천여 년 전 공자는 그런 사회를 만들기 위해 천하를 돌아다녔다.

그런데 공자를 말하기에 앞서 또 한 사람을 언급해야 한다. 바로 주공周公이다. "심하구나, 나의 노쇠함이여! 내가 꿈에 주공을 뵙지 못한 지 오래되었구나!" 공자는 말년에 이렇게 한탄했다. 주공이 누구였기에 꿈속에서라도 그렇게 보고 싶어 했을까? 그리고 소강과 대동을 말하는 이 시점에 주공은 왜 불쑥 튀어나온 것일까? 성은 희姬, 이름은 단旦, 주나라를 세운 문왕의 아들이며 무왕의 동생이 주공이다. 그는 주나라의 예악禮樂과 법도法道를 제정했고 노나라에 봉해졌다. 그러나 공자가 살던 춘추시대에 주공이 확립한 예는 무너졌다. 모든 것이 무너진 상황에서 단숨에 이상 사회를 만들 수 있을까? 그것은 사칙연산을 모르면 방정식을 풀 수 없는 것과 같다. 공자는 대동사회로 나아가기 위해서는 먼저 예를 다시 세워야 한다고 생각했다.

공자는 주공이 봉해졌던 노나라에서 기원전 551년에 태어났다. 그때 주나라 왕실의 권위는 무너졌고 중국은 춘추시대 말기를 맞고 있었다. 지역의 제후들은 천하의 패권을 잡기 위해 수단과 방법을 가리지 않았고 백성들은 신음했다. 끊임없는 전쟁으로 먹고 먹히는 약육강식의 시대에 예는 사치스러운 단어였을지도 모른다.

이런 상황에서 공자는 무엇을 해야 했을까? 공자는 먼저 가르쳤다. 그러나 공자의 큰 뜻을 제자들에 대한 가르침만으로 펴기에는 한계가 있었다. 어지러운 천하에서 백성이 함께 잘살 수 있는 방법은 무엇이었을까? 전쟁을 멈추고 화합할 수 있는 방법은 무엇이었을까? 백성보다 먼저 위정자가 바뀌어야 했다. 모든 문제의 근원에는 예를 무시하는 위정자의 횡포가 있었다. 그래서 공자는 예를 강조한 것이다. 그러나 예는 권력자에 한정된 것이 아니었다. 왕이 예로 다스리고 신하와 백성이 예로써 왕을 섬기면 모든 문제는 해결될 것이다. 결국 모든 사람들이 예를 실천한다면 주공이 만들었던 예와 법도가 되살아나고, 평화롭고 행복한 사회가 만들어질 터였다.

**윗사람이 예를 좋아하면 백성이 감히 불경스럽게 굴지 못하고, 윗사람이 의로움을 좋아하면 백성이 감히 복종하지 않을 수 없고, 윗사람이 신의를 좋아하면 백성이 감히 성의를 다하지 않을 수 없게 된다.** – 〈자로〉

그래서 공자는 천하를 돌아다니며 자신의 사상을 설파했다. 그러나 왕들은 관심이 없었고, 신하들은 공자를 질투했고, 백성들은 그를 이상주의자로 여겼다. 왕은 왕답지 않았고, 신하는 신하의 노릇을 하지 못했고, 백성은 아비의 노릇을 하지 못했다. 그럼에도 공자는 좀 더 보편적인 예의 확대를 꿈꿨다. 예는 왕이기 때문이 아니라 인간이기 때문에 지키고 실천해야 할 가치다. 인간이라는 하나의 개체, 그

개체들이 모인 가장 작은 공동체인 가정, 그리고 가정에서 사회로 공자는 예를 확대한다.

**유자가 말했다. "그 사람됨이 효성스러우면서 윗사람 범하기를 좋아하는 자는 드물다. 윗사람 범하기를 좋아하지 않으면서 변란 일으키기를 좋아하는 자는 지금껏 없었다. 군자는 기본에 힘을 쓸 것이니 기본이 갖춰지면 도가 열리게 된다. 효성스럽고 우애롭다는 것은 바로 어짊의 기본이 된다."**

– 〈학이學而〉

여기에 공자의 사회적 확장성이 있다. 인간이 인간 노릇을 한다면 사회에서 비인간적인 일은 벌어지지 않는다. 공자에게 인간 노릇의 가장 기본은 효였다. 효는 어떤 상황에서도 거스를 수 없는 인간 본연의 가치였다.

결국 공자에게 예란 인간 가치의 실현이었다. 인간의 가치가 사회적으로 확대되고 그 확대된 예를 통해 다스려지는 나라를 공자는 꿈꿨던 것이다. 그러나 그것은 말처럼 쉽지 않다. 때문에 사람은 꾸준히 자신을 다스리고 배워야 하는 것이다. 그것이 군자다. 군자가 많아지면 예는 저절로 세워지고, 나라도 군자에 의해 다스려진다. 그렇다면 군자에 이르는 길은 무엇일까?

## ◊ 군자, '예'보다 먼저 '인' 하라 ◊

한자 '인仁'은 '어질다', '자애롭다', '사랑하다' 등의 뜻을 가진다. 인은 공자의 핵심 사상으로, 공자는 인을 군자의 핵심 덕목으로 생각했고, 인을 예보다 더 중시하기도 했다. 군자이기 이전에 사람의 기본은 인이다. 그렇다면 도대체 인이란 무엇일까? 이제 공자 사상을 집약적으로 표현하는 두 단어 '극기복례'와 '충서'를 살펴보자.

**안연이 인에 대해서 물었다. 공자가 말했다. "자신을 이기고 예를 회복하는 것이다. 하루 자신을 이기고 예를 회복하면 천하가 인으로 돌아간다. 인을 행함은 자기로 말미암는 것이지 다른 사람에게서 비롯되지 않는다." 안연이 말했다. "청컨대 그 내용을 묻습니다." 공자가 대답했다. "예가 아니면 보지 말고, 예가 아니면 듣지 말며, 예가 아니면 말하지 말고, 예가 아니면 움직이지 말라." 안연이 말했다. "제가 비록 불민하나 그것을 잘 받들어 따르겠습니다."** – 〈안연顔淵〉

공자는 자신을 이기고 예로 돌아가는 것, 즉 극기복례를 인이라고 말한다. 우리는 살면서 수많은 욕망과 질투와 이기심과 마주한다. 그것 때문에 옳지 않다는 것을 알면서도 행하고 말하고 상처를 입히고 다툼을 벌인다. 그런 자신을 이기고 예를 행한다면 그것이 바로 인이 된다. 그리고 이는 일생을 통해 실천해야 할 일이기도 하다. 공자는 자신의 일생을 이렇게 이야기했다.

> **공자가 말했다. "나는 열다섯에 배움에 뜻을 뒀고, 서른이 되어 정립되었으며, 마흔이 되어 미혹함이 없었고, 쉰이 되어 천명을 알게 되었으며, 예순이 되어서는 귀가 순했고, 일흔이 되어서는 마음 가는 데로 행해도 법도를 어기는 일이 없었다."** – 〈위정爲政〉

이 구절에서 그 유명한 '입지立志–이립而立–불혹不惑–지천명知天命–이순耳順–종심소욕從心所欲'이 등장한다. 이는 플라톤이 철인을 키워가는 과정과 대비되는 부분이기도 하다. 공자와 플라톤의 차이는 변화의 동인이 어디에 위치하느냐에 달려 있다. 공자는 변화의 기점을 자신에서 찾는다. 자신이 그것을 깨닫고 확장시키고 다시 그곳에서 자신을 인으로 나아가게 하는 것이 공자의 방법이다. 그러나 플라톤에게 중요한 것은 배움이 아니라 가르침이다. 뒤에 나오지만, 플라톤은 시험을 통과하지 못한 사람들을 가차 없이 탈락시킨다. 그들은 이미 철인의 씨앗을 가지지 못한 존재로 여긴 것이다. 그러나 공자는 예라는 '형식'보다 인이라는 '내용'을 더 중요시했다.

**공자가 말했다. "사람으로 어질지 않으면 예가 무슨 필요가 있으랴? 사람으로 어질지 못하면 음악이 무슨 필요가 있으랴?"** – 〈팔일八佾〉

내면의 완성을 통해 군자에 이르게 된다는 것을 우리는 '충서'에서 발견하게 된다. 충과 서는 인을 실현하는 공자의 실천 지침이라고 할 수 있다. 공자에게 있어 충은 임금에 대한 맹목적인 충성이 아니라, 정성스럽고 진실한 마음을 말한다. 누구에 대해서 그래야 할까? 바로 자신에 대해서다. 자신에게 정성을 다하고 진실해야 한다는 말이다. 그것은 또한 자신을 귀히 여기는 태도다. 귀한 내가 어찌 거짓되거나 경박하게 행동하겠는가? 나에게 정성스럽고 진실하기에 나는 인을 펴고 예를 지키는 것이다. 충이 자신에 대한 것이라면 서는 타인에 대한 것이다. 내가 그렇다면 타인도 그런 것이다. 나와 타인, 나와 나를 둘러싼 세계에 대한 긍정, 그리고 그 긍정을 실천하는 것이 충서이며 군자가 되는 길이다.

여기에는 군자의 기본 소양이 발판이 되어야 한다. 이는 일종의 교육과정이라고 할 수 있다. 그것이 '육예六藝', 즉 예禮·악樂·사射·어御·서書·수數다. 예는 예용禮容, 악은 음악, 사는 활쏘기, 어는 말을 모는 기술, 서는 글, 수는 수학이다. 이런 공자 시대의 교육은 플라톤이 철인을 기르기 위해 제시했던 교육과정과 비슷한 면이 있다.

## 공자가 꿈꾸는 이상향, 대동사회

공자는 요와 순을 성인이라고 일컬었다. 그리고 요순이 다스리는 요순시대를 이상적인 대동사회라고 생각했다. 요와 순 이후, 중국에는 하나라가 등장한다. 하나라를 세운 임금이 우이고, 하나라에 이어 은나라를 세운 임금이 탕이다. 은나라 이후 주나라가 등장하고 주의 시조가 문왕이며 그의 아들이 무왕이다. 문왕의 또 다른 아들이 앞서 말한 주공이다. 공자가 생각하는 이상 사회인 요순시대, 즉 대동사회는 어떤 모습일까?

**큰 도가 행해지던 시대, 천하는 모든 이의 소유였다. 어질고 유능한 자를 가려서 왕위를 물려줬고 사람들은 신의를 추구하고 서로 간이 화목했다. 사람들은 자신과 친한 사람만을 친하게 대하지 않았으며 자신의 자식만을 사랑하지 않았다. 뿐만 아니라 늙은이들이 천수를 누리게 했고, 젊은이들은 쓰일 곳이 있었고, 어린이들은 의지할 곳이 있었으며, 홀아비와 과부, 고아, 병자들도 부양을 받을 수 있었다. 남자들은 각자가 일을 하고 여자들은 각자 시집을 가서 자신의 가정을 가지고 있었다. 때문에 간교한 생각은 일어나지 않았고 도둑과 살인도 없었다. 대문을 열어두고도 닫지 않으니 이를 대동이라 한다.** – 《예기禮記》 〈예운禮運〉

요순과 우탕의 차이는 무엇이었을까? 왜 공자는 똑같이 요순우탕 문무주공堯舜禹湯文武周公을 그리워했으면서도 차이를 뒀을까? 그 해답은 왕위를 물려주는 방법에 있었다. 요와 순은 왕의 자리를 자신의 자식에게 물려주는 대신 어질고 유능한 이를 가려 왕이 되게 했다. 또한 그때 사람들은 자신과 친한 사람만을 친하게 대하지 않았고, 자신의 자식만을 사랑한 것이 아니라 다른 이의 자식도 사랑했다. 이것이 바로 대동과 소강의 차이다. 소강사회에 오면 먼저 중요한 것은 자신과 관계된 일이다. 때문에 자신의 자식에게 왕위를 물려준다.

하지만 공자가 살았던 춘추시대에는 그런 소강까지도 무너졌다. 왕도, 아비도, 자식도 자신의 노릇을 하지 못했다. 소강조차 무너진 상황에서 단숨에 대동사회로 갈 수는 없었다. 먼저 예를 회복하는 것이 급선무였다. 그리고 예의 회복에는 인이 필연적으로 중심을 이뤄야 했다. 공자는 인으로 예를 행하는 사람을 군자라고 일렀다.

물론 공자가 생각했던 소강과 현재 중국이 이야기하는 소강사회는 다르다. 하지만 중국의 최종 목표는 대동사회다. 공자로부터 시작된 이상 사회의 꿈이 지금까지 이어지고 있는 것이다.

# 속이지도 속지도 않는 철인이 이끄는 국가

**- 플라톤 《국가》 -**

## ⁘ 철학자가 정치를 해야 하는 이유 ⁘

우리는 너무 쉽게 속는다. 천연덕스러운 얼굴에 속고, 가짜뉴스에 속고, 정치 선거 때면 거짓 공약에 속는다. 플라톤은 대중을 속이는 정치인과 정치인을 지배하는 자본가, 그리고 그들에게 속는 대중에게 분노했다. 그의 분노에는 소크라테스의 죽음이라는 직접적인 이유가 있었다.

소크라테스는 플라톤의 스승이다. 20세가 된 플라톤은 인생의 전기를 맞는다. 그것은 소크라테스와의 만남이었다. 날카로운 질문으로 상대의 무지를 이끌어내는 소크라테스의 모습은 플라톤에게 커다란 충격이었고, 그의 영혼이 깨어나는 순간이기도 했다. 그러나 기원전 399년, 국가의 신들을 믿지 않은 죄, 청년들에게 나쁜 영향을 끼친 죄로 소크라테스는 멜레토스에 의해 고발당했고, 아테네의 대중들은 소크라테스에게 독배를 내렸다. 궤변으로 무장한 소피스트들에게 대중이 넘어간 것이다. 스승을 죽음으로 몰고 간 배후에는 대중에 의한 민주정치가 숨어 있었고, 민주주의에 의해 위대한 철학자가 쓰러졌다.

플라톤이 생각하기에 대중은 육체의 눈으로만 세상을 바라볼 뿐, 영혼의 눈으로 볼 줄 모른다. 때문에 대중이 보는 것은 감각적 세계이지 진실한 존재가 아니다. 이는 실체가 아닌 허상에 의지한다는 뜻이다.

우리는 이미지란 단어에 익숙하다. 어떤 사람을 일컬어 이미지가 좋다고 하거나 나쁘다고 한다. 그런데 이 이미지란 것이 그 사람의 실체일까? 그렇지 않다. 정치가가 선거 때 시장에 나가 서민들의 거친 손을 잡으며 위로를 건네지만 사실은 서민들을 자신의 권력과 부를 유지시켜주는 일꾼이라고 생각할지도 모른다. 하지만 우리는 그의 실체가 아니라 그가 보인 모습으로 그를 판단한다.

여기에서 플라톤 철학의 주제를 이루는 이데아, 그러니까 '영원불변한 본질적 실재實在'가 등장한다. 대중이 보는 것은 이데아가 아닌 허상이다. 우리가 보고 듣고 만지고 맛봐서 아는 것은 허상이며, 이데아의 그림자에 불과하다. 우리는 시각, 청각, 후각, 촉각, 미각 같은 감각을 통해서 현상을 인식하고 파악한다. 그러나 현상의 뒤에는 감각이 아닌 이성과 사고에 의해 파악할 수 있는 개념과 법칙, 그리고 이상이 있다. 즉, 정치가의 이미지를 허상이라고 한다면 정치가의 실체는 이데아가 될 것이다.

이제 플라톤의 사상은 분명해졌다. 속이는 정치인과 속는 대중에게 정치를 맡길 수는 없다. 그렇다면 누구에 의해 통치가 이뤄져야 할까? 허상을 구분해내고 허상을 타파하여 이데아의 세계로 나아갈 수 있는, 가장 현명하고 훌륭한 인물에 의해 통치가 이뤄져야 한다. 그렇다면 그런 인물은 누구일까? 바로 철학자, 즉 철인哲人이다.

**철학자가 왕이 되거나 현재의 왕후들이 철학적 정신과 힘을 갖추게 되어 지혜와 정치적 지도력이 동일인에게 합치될 때까지는 국가도 인류도 결코 재난을 면치 못할 것이다.**

## 철인은 어떻게 만들어질까?

그런데 나라를 이끌 철인은 어디에 있으며, 그가 철인임을 어떻게 알 수 있을까? 플라톤은 철인을 찾으려고 하지 않았다. 그가 생각해 낸 방법은 철인을 길러내는 것이었다. 플라톤이 《국가》에서 일관되게 주장하는 것은 철인에 의한 통치와 철인을 만드는 방법이다. 철인은 엄격한 제도와 교육에 의해서 길러지고 시험에 통과하지 못한 사람은 가차 없이 탈락된다. 이는 공자와 다르다. 공자는 누구에게나 그 이상의 단계에 올라갈 수 있는 힘이 있다고 생각했다. 그래서 공자에게 중요한 것은 개인의 노력이었다.

그렇다면 플라톤이 제시한 방법은 무엇이었을까? 먼저 아이들은 어른들과 격리되어야 한다. 부패한 어른들을 본 아이들은 그것을 따라 할 것이다. 때문에 10세 이상의 도시 주민들은 모두 시골로 보내야 한다. 이제 아이들은 백지상태에서 교육을 받게 되며, 균등한 기회가 주어진다.

10세가 될 때까지 아이들이 주로 받는 교육은 체육이다. 모든 것의 원천은 건강으로, 건강하지 않다면 아무것도 할 수 없기 때문이다. 교육과정에는 음악도 추가된다. 음악은 영혼과 육체를 우아하고 건강하게 만든다. 그러나 플라톤의 목표는 철인을 키우는 것이지 운동선수나 음악가를 만드는 것이 아니다. 게다가 음악은 사람의 감정을 약하게 할 수도 있다. 그래서 16세가 되면 개인적인 음악은 금지되고, 유일하게 할 수 있는 음악 활동은 합창이다. 대신 음악은 수학,

역사, 과학 같은 학업에 대한 과도한 압박을 상쇄시키는 역할을 한다. 하지만 수업이 싫은 아이들도 생겨날 수 있다. 이때 플라톤은 강요하지 않는다.

**기본 과목은 어릴 적부터 가르쳐야 하지만 강요해서는 안 된다. 자유인은 지식 획득에 있어서도 자유인이어야 하기 때문이다. 강제에 못 이겨 습득한 지식은 오래 기억되지 않는다. 그러므로 강요하지 말라. 오히려 초등교육은 일종의 오락이어야 한다. 이렇게 하는 것이 어린이의 자연적 소질을 알아내는 데 더욱 유리할 것이다.**

20세가 되기 전까지 아이들은 자유롭다. 하지만 청년이 되면 상황이 달라진다. 20세가 된 청년들은 첫 번째 시험을 치러야 한다. 이 시험은 낙타가 바늘구멍을 통과하는 것만큼 어렵다. 대부분은 1차 시험을 통과하지 못하는데, 탈락한 이들은 통치자가 될 수 없다. 그들은 상인, 점원, 노동자, 농부로 일생을 살아가야 한다. 여기에서 중요한 것은 공정성이다. 모든 것은 개인의 능력에 달려 있다.

플라톤은 개인이 능력을 발휘할 수 있는 환경을 동등하게 제공해주고 교육에서 외부적인 요인을 개입시키지 않는다. 그는 민주주의를 반대했지만 교육에서만큼은 민주적 요소를 채택한다. 그것은 자유와 평등이다. 강요하지 않으며 누구에게나 균등한 기회를 제공한다. 부와 권력이 대물림되는 사회에서 플라톤은 민주주의를 반대하면서도 민주적인 기회를 제공하고자 했다.

1차 시험에 통과했다고 통치자가 되는 것은 아니다. 청년들에게는 다시 십 년간의 교육이 기다리고 있다. 정신·육체·성격에 대한 교육과 훈련을 받은 청년들은 2차 시험을 치르는데, 이는 1차보다 더 어렵다. 탈락한 이들은 국가의 행정관이나 군대의 장교가 된다.

이제 청년들은 30세가 되었다. 그들은 비로소 철학을 배우게 된다. 이때 배우는 철학이 바로 이데아론이다. 그런데 왜 그들은 30세가 되어서야 철학을 배우는 것일까? 여기에는 플라톤의 절묘한 장치가 숨어 있다.

**청년들이 처음으로 철학의 맛을 알게 되면 (중략) 가까이 오는 사람들을 가리지 않고 물어뜯는 하룻강아지처럼 (중략) 장난삼아 논쟁을 하고 항상 반박하거나 부정하게 되기 때문이다.**

철학 교육은 오 년간 지속되며, 이 기간 동안 그들은 철학을 인간 행동과 국가 경영에 적용하는 훈련을 함께 받는다. 이제 35세가 된다. 그렇다면 통치자가 되는 것일까? 그렇지 않다. 그들에게는 아직

본격적인 실전 교육이 남아 있다. 십오 년간 그들은 실제 생활 속에서 보통의 사람들과 경쟁해야 한다. 이 과정에서 그들은 인생을 배운다. 그리고 50세가 되어서야 통치자로 거듭난다.

플라톤의 교육과정은 매우 정밀하다. 체육을 통해서 기초 체력을 기르고 음악으로 감성의 윤활유를 가진다. 섣부르게 철학을 가르치지 않음으로써 교육을 받은 사람들은 지적 허영에 빠지지 않고, 실제 생활을 통해서 삶의 지혜를 얻는다. 그리고 그들은 국가의 통치자가 되는 것이다. 국가의 통치자가 되었다고 모든 것이 끝나지는 않는다. 플라톤은 통치자가 혹시라도 잘못에 빠질까 봐 염려했기에 통치자에게 재산을 공유하고 독신 생활을 하기를 요구한다.

**그들은 누구든 꼭 필요한 정도 이상의 재산을 가져서는 안 된다. 또한 들어오려는 사람을 빗장으로 막아내는 사택을 가져서도 안 된다.** (중략) **만일 그들이 자기 자신의 집이나 토지나 돈을 갖고 있다면 그들은 통치자가 아니라 가옥 관리인 또는 농부가 될 것이고, 다른 시민의 벗이 아니라 적과 폭군이 될 것이다. 따라서 미워하고 미움의 대상이 되며 음모를 꾸미고 음모의 대상이 되며 외부의 적보다도 내부의 적을 더 무서워하며 일생을 보낼 것이다. 또한 그들 자신과 그들 이외의 시민들에게 파멸의 시간이 다가올 것이다.**

재산 다음의 문제는 가족이다. 통치자는 오직 국가만을 위해야 한다. 가족을 위해서, 아내를 위해서 권력을 휘둘러서는 안 된다. 때문에 통치자는 결혼할 수 없다. 재산과 마찬가지로 아내도 공유되어야 한다. 자신의 아이도 가져서는 안 된다. 통치자의 아이들은 태어나자마자 다른 아이들과 마찬가지로 격리된 생활에 들어가게 된다. 이처럼 통치자에 대한 플라톤의 요구는 혹독하다. 대중보다 통치자에게 더욱 철저한 기준과 혹독한 수련을 요구하기 때문에 플라톤의 국가론이 설득력을 갖는 것이다.

## 이상 국가와 대동사회

플라톤의 국가는 소수의 통치자 계급을 정상으로 하고, 다수의 군대에 의해 보호되고, 일반 평민을 광대한 기반으로 하여 실현된다. 개인의 과도한 부나 빈곤은 사회 혼란의 원인이기 때문에 이를 방지하기 위해 상업과 산업은 통치자의 통제 밑에 놓이고, 이자는 금지되고 이익은 제한될 것이다. 이에 대한 보답으로 통치자는 매우 검소한 생활을 하며, 이런 생활은 분명 통치자 계급의 권위를 높여놓을 것이다. 이렇게 되면 각 계급의 구성원이 본성과 재능에 따라 알맞은 일을 하고, 어떠한 계급이나 개인도 서로를 간섭하지 않으며, 다양성이 추구되는 가운데 조화로운 전체가 실현되는, 진정으로 정의로운 국가가 실현될 것이다. 이것이 플라톤이 세우고자 했던 이상 국가다.

공자가 생각했던 대동과 소강이 현대 중국에 영향을 미쳤던 것처럼 플라톤의 이상 국가도 유럽에 영향을 미쳤다. 플라톤의 구상을 실현해보려는 가장 거대한 실험은 중세시대에 이뤄졌다. 중세 천 년 동안의 유럽은 플라톤이 상상한 것과 매우 유사한 통치자 계급의 지배를 받았다. 중세시대의 국가는 성직자·병사·농노로 계급이 구분되었다. 성직자는 교양을 얻는 수단과 기회를 독점했고, 거의 무제한적인 권력을 갖고 통치했다. 플라톤의 영향력은 단지 이상 국가의 구조에만 한정되지 않는다. 중세 스콜라철학의 골격은 이데아론의 복사판이었고, 성직자의 교육과정에서 다루는 과목인 산술·기하·천문학·음악은 플라톤이 제시한 교육과정의 모방에 불과했다. 그러나 중국이 대동사회를 이루지 못했던 것처럼 유럽도 이상 국가를 실현하지 못했으며 오히려 수많은 병폐를 낳았다.

그런데 플라톤의 《국가》에서 생각나는 구절이 있다. 그것은 대화 중 소크라테스가 하는 공상이다.

**그들은 곡물·옷·신발을 생산하고 스스로 집을 짓지 않겠는가? 그리고 집**

을 갖게 되면 그들은 통례대로 여름에는 옷을 벗고 맨발로 일하고, 겨울에는 옷을 충분히 입고 신을 신고 일할 것이다. 그들은 몸을 보호하기 위해 보리로 보릿가루를, 밀로는 밀가루를 만들어 그것을 반죽하고 구워서 보기 좋은 과자와 빵을 만들 것이다. 그들은 이 음식을 갈대나 정갈스러운 잎사귀에 차려놓고 덩굴나무와 소귀나무로 짠 돗자리 위에 앉아서 아이들과 함께 맛있게 음식을 먹고, 술을 마시고, 머리에 꽃관을 쓰고서 신들을 찬미하고 즐겁게 살 것이다. 그리고 가난이나 전쟁이 두려워서 그들의 수입의 한도 내에서 아이를 낳을 것이다.

플라톤이 그리는 이상 국가와 공자의 대동사회는 비슷한 점이 많다. 그들은 모두 사람이 살기 좋은 사회를 바랐다. 비록 살기 좋은 사회를 만드는 방법은 달랐지만, 동방과 서방의 두 거인이 남긴 흔적은 지금도 건재하다.

## 우리는 어떤 리더를 원하는가?

리더란 이끄는 사람이다. 우리는 우리 삶의 주인이 되어야 하고, 스스로를 이끌고 세상을 이끌어야 한다고 이야기했다. 그런데 우리에게 왜 리더가 필요할까? 그것은 세상이 곧 '나의 집합체'이기 때문이다. 이 '수많은 나'를 바른 길로 이끌기 위해서는 리더의 뚜렷한 기준과 목표가 필요하다.

시대가 요구하는 리더는 그가 살아가는 상황마다 다르다. 전시의 리더와 평화 시의 리더는 다를 수밖에 없다. 중요한 점은 어떤 난국을 헤쳐서라도 리더는 국가와 국민을 보다 나은 방향으로 이끌어야 한다는 것이다. 마키아벨리가 원했던 리더와 율곡 이이가 바랐던 리더는 전혀 다른 모습이다. 그러나 그 두 모습에서 한 가지 공통점을 발견하게 된다. 마키아벨리와 이이는 모두 당시에 리더가 가져야 할 덕목을 제시했다.

지금 우리는 어떤 리더를 원하는가? 우리 시대에 필요한 리더의 모습은 무엇인가? 이를 규정하는 일은 중요하다. 바라는 상이 구체적이어야 그가 적임자인지 아닌지를 판단할 수 있다. 고전을 통해 우리가 바라는 리더의 상을 그려보자.

# 강력한 군주만이 강력한 국가를 만든다

**– 마키아벨리 《군주론》 –**

## 마키아벨리는 왜 강력한 군주를 원했을까?

마키아벨리가 살았던 이탈리아에는 로마가 있다. 하지만 그의 시대에는 수백 년간 지중해를 지배했던 로마제국의 영화는 찾아볼 수 없었다. 당시 이탈리아는 조각조각 나뉘어, 로마교황령·나폴리·베네치아·밀라노·피렌체, 이렇게 도시국가로 분리되었다. 그렇다고 이 나라들이 안정된 체제를 유지한 것도 아니었다. 끊임없는 폭동과 쿠데타는 왕정을 공화정으로 바꾸고 또 공화정을 왕정으로 바꿨다. 그러면서도 다섯 나라는 서로가 이탈리아의 맹주가 되기 위한 치열한 경쟁을 벌였다. 어제의 적이 오늘의 동지가 되는 동맹과 전쟁이 이탈리아를 휩쓸고 있었다.

내부의 상황이 이러니 외부의 침략에 맞설 힘이 없었던 것은 당연한 일이다. 분열된 나라는 좋은 먹잇감처럼 느껴졌다. 프랑스와 독일 같은 열강들은 이탈리아에서 힘의 우위를 확보하고 자신들의 입김을 강화하기 위해 정치적으로 개입했고 혼란은 훨씬 심해졌다. 마키아벨리가 태어났던 피렌체의 상황은 더욱 심각했다. 1469년 마키아벨리가 태어나던 해, 20세의 로렌초 데메디치Lorenzo de Medici는 피렌체를 장악한다. 그러나 그것은 오래가지 못했다. 곧이어 프랑스가 이탈리아를 침공했고, 대항할 능력이 있었음에도 힘을 결집하지 못한 이탈리아는 처절한 굴욕을 맛봐야 했다.

마키아벨리가 23세가 되던 해에는 로렌초 데메디치가 죽고, 피에로 데메디치Piero de Medici가 피렌체의 지도자가 되었다. 그러나 그 역시 오래가지 못했다. 피렌체에 폭동이 발발하자 그는 이웃 나라로 도망쳤고 피렌체에는 공화정이 세워졌다. 또다시 이어지는 프랑스의 공격으로 피렌체는 내부와 외부의 극심한 혼란에 빠져들었다.

이즈음 마키아벨리는 공직에 나서 외교관이 되었다. 우리는 힘없는 나라의 외교관이 어떤 굴욕을 당하는지 알고 있다. 1907년 네덜란드 헤이그에서 제2회 만국평화회의가 열렸을 때 고종은 일제에 의해 강제로 체결된 을사조약의 불법성과 대한제국의 주권 회복을 위해 밀사를 파견했다. 그러나 특사로 파견된 이상설, 이준, 이위종은 회의에 참석조차 하지 못했다. 그리고 이준은 울분을 이기지 못하고 순국했다. 마키아벨리의 국가 지상주의적 정치관, 즉 마키아벨리즘은 그런 울분에서 시작되었다.

마키아벨리는 《군주론》에서 군주의 주요 덕목과 세부적인 실천 지침을 제시한다. 그 전에 먼저 마키아벨리가 어떤 정치사상을 갖고 있었는지 알아볼 필요가 있다. 그는 군주에 의한 강력한 통치를 추구했는데, 그가 원하는 통치는 독재를 넘어서는 수준이다. 이유는 간단하다. 그는 민중, 즉 국민을 믿지 않았다. 그것은 인간 본성에 대한 의문이기도 했다. 그가 본 민중은 힘의 논리에 좌우되는, 변하기 쉬운 존재였다.

**인간은 두려워하는 자보다 애정을 느끼는 자를 더 쉽게 배반한다. 원래 인간은 사악하여 단순히 의리의 기반에 매인 정 같은 것은 자기의 이해에 따라 언제나 서슴없이 끊어버리기 때문이다. 그러나 두려워하는 자 앞에서는 처형의 공포로 꽉 얽매여 있기 때문에 결코 모르는 체할 수 없다.**

군주에게는 인간적인 고뇌, 백성을 생각하는 자비심 등도 필요할지 모른다. 그러나 마키아벨리가 볼 때 그보다 더욱 중요한 것은 군주에 대한 절대적인 충성이다. 그는 그런 충성이 사랑과 자비가 아니라 무자비한 폭력과 잔인함에서 나온다고 생각했다.

군주의 잔인함과 폭력이 용인되는 이유는 개인의 일과 군주의 일이 다르기 때문이다. 군주는 국가를 책임지며, 국가는 최우선되는 존재다. 그렇다면 국가를 위한 희생은 감수해야 한다. 따라서 군주는 개인적인 도덕에 구속받지 않는다는 것이다.

**군주는 권력을 유지하고 강화하기 위해 여우와 같은 간사한 지혜와 사자와 같은 힘을 사용할 필요가 있다. 겉으로는 신의가 두텁고 종교심도 많으며 인격도 고결한 것처럼 보여야 하지만 그럴 필요는 없다.**

마키아벨리가 강력한 군주를 원했던 이유는 강력한 국가를 건설하기 위해서였다. 그는 강력한 국가의 두 축으로 법률과 군대를 들었다. 법을 중요하게 여겼다는 데서 마키아벨리는 법가의 한비자韓非子와 자주 비교된다. 이탈리아가 처한 상황은 중국의 춘추전국시대, 특히 한비자가 살았던 전국시대 말기와 많은 공통점을 보인다. 한비자의 조국 한나라는 가장 강한 일곱 개국 중 하나였지만 쇠퇴의 길을 걷고 있었다. 멸망해가는 조국을 일으키는 방법으로 한비자는 법에 의한 통치를 주장했다. 엄격한 법의 적용과 강한 왕권을 역설했고, 때로는 도덕보다 힘이 필요함을 제기하기도 했다.

그러나 법률과 군대 중에서 마키아벨리에게 더 중요한 요소는 군대였다. 강력한 군대는 국가를 통제할 수 있다. 마키아벨리에게 중요한 것은 제도보다 힘이었던 것이다. 또한 그는 군대가 반드시 국민군이어야 한다고 주장했다. 당시 이탈리아의 상당수 군대가 용병들로 구성되어 있었기 때문이다. 용병들은 국가에 충성하는 것이 아니라 돈에 충성한다. 그런 군대가 애국심과 사명감을 가질 리 없다. 마키아벨리는 그런 현실에서 국민군에 의한 강력한 힘을 원했던 것이다.

## 마키아벨리즘이란 무엇일까?

마키아벨리의 마키아벨리즘이 탄생한 《군주론》은 얇은 책이다. 마키아벨리 본인도 《군주론》을 팸플릿이라고 부를 정도였다. 그러나 《군주론》에는 그의 사상이 직설적으로 담겨 있다. 《군주론》은 피렌체를 다시 통치하게 된 메디치에게 바치는 글로, 이탈리아를 어떻게 다스려야 하는지를 쓴 정치의 방법이었다.

그러나 이탈리아를 통일할 방법과 강력한 국가를 만들 방법을 제시한 《군주론》은 마키아벨리의 뜻과는 다른 방향으로 해석되었다. 마키아벨리즘은 목적을 위해 수단과 방법을 가리지 않는 권모술수

주의로 불리기도 한다. 하지만 이는 마키아벨리가 처한 상황과 그의 의도를 제대로 이해하지 못한 것이다.

외교관으로 활동하던 마키아벨리는 하나의 임무를 맡게 되는데, 체사레 보르자Cesare Borgia라는 인물의 동정을 살피는 것이었다. 보르자는 혜성같이 등장하여 이탈리아를 장악해가던 인물이었다. 그를 통해 마키아벨리는 군주의 모습을 보게 되었다. 주저하지 않는 추진력, 과단성 있는 결단, 점령지에서 학살을 단행하면서까지 지배력을 확보하는 그의 모습은 마키아벨리에게 군주의 모습에 대한 영감을 줬다. 또한 마키아벨리는 프랑스로 파견되었을 때 심한 모욕을 받았는데, 그것은 피렌체의 힘이 약했기 때문이다.

그렇다면 마키아벨리가 원했던 것은 무엇일까? 그는 강력한 조국 이탈리아를 원했다. 통일된 이탈리아가 더 이상 짓밟히지 않기를 바랐다. 그렇게 되는 방법을 기술한 것이 《군주론》이다. 이를 위해 필요한 사람은 흔들리는 민중이 아니라 강력한 힘을 가진 군주였다.

**오랫동안 기다림에 지친 이탈리아에는 구세주가 나타나야만 한다. 지금까지 이방인의 홍수에 밀려 그토록 진통을 겪어온 이탈리아의 방방곡곡에서는 얼마나 큰 우러름으로 구세주를 맞아들일 것인가! 복수의 갈망, 충성의**

**일념, 존경심 그리고 기쁨의 눈물, 형언할 수 없이 큰 이 모든 것을 갖고 이 분을 맞을 것이다.**

그러나 마키아벨리는 교회로부터 오해를 받는다. 로마 교황청은 마키아벨리가 도덕과 종교를 부정한다는 하나의 면에 주목하여, 그의 책을 모두 불태워버렸고 금서로 지정했다. 하지만 도덕과 종교의 부정에는 마키아벨리를 둘러싼 또 다른 의미들이 숨어 있었다.

## 정치에서 르네상스를 구현하다

《군주론》의 마지막에는 이탈리아의 시인 프란체스코 페트라르카Francesco Petrarca의 시가 인용된다.

**미덕은 광포를 무찌르려는 무기를 들었노라.**
**싸우면 곧 이기리라.**
**이탈리아의 민심에**
**아직도 그 옛날의 용맹이 사라지지 않았거늘.**

이 시는 마키아벨리의 다른 저서 《로마사론Discorsi sopra la prima deca di Tito Livio》에 나오는 "국가 창건을 위한 일에서 비상수단은 비난받아서는 안 된다"라는 대목과 연결되고, 《군주론》이 왜 교황청에 의해 불태워졌는지와 연결되며, 르네상스라는 시대적 상황과 맞닥뜨리게 된다. 이 시에서 마키아벨리는 그 옛날의 용맹을 이야기하고 있다. 그 옛날이란 언제일까? 바로 지중해를 지배했던 로마제국의 영광스러운 시절이다. 고대 로마인이 가진 역량을 소생시킬 수 있다면 이탈리아의 영광도 되찾을 수 있으리라. 마키아벨리는 새로운 정치, 강력한 조국을 만들기 위해서는 낡은 관념과 전통, 그리고 종교에 얽매여서는 안 된다고 생각했다. 그런 것에 구속되면 그가 원하던 군주는 출현할 수 없을 터였다. 종교에 구애받지 않는 군주, 이는 교황청의 권위에 도전한 것이었다. 이런 생각은 르네상스 시대의 사상이기도 했다.

르네상스는 인문주의로 번역되기도 한다. 그것은 중심이 신에게서 인간으로 옮겨졌음을 의미한다. 이전 시대의 정치가 신의 뜻을 받들어 지상에 실현하는 것이었다면 르네상스를 통해 정치는 신에게서 벗어날 수 있었다. 이런 흐름 속에 처음으로 정치에서 르네상스를 구현한 인물이 마키아벨리라고 할 수 있다.

# 끊임없이 현실을 개혁하다

## – 이이 《성학집요聖學輯要》 –

### 세상은 함께 바꾸는 것이다

《성학집요》는 율곡 이이가 40세 때 선조 임금의 요청으로 지은 책이다. 여기서 성학이란 퇴계 이황이 지은 《성학십도聖學十圖》의 성학이 의미하는 것처럼 임금이 갖춰야 할 제왕학을 말하며 조선의 국학인 주자학을 뜻하기도 한다. 그러나 이이는 《성학집요》가 한 사람만을 위한 책이 아니라 모두를 위해 지어진 책이라고 분명히 말한다.

> **이 책의 내용이 비록 임금의 학문을 주로 했지만 사실 위아래를 막론하여 누구에게나 통한다. 학문하는 사람은 넓게 공부하고, 과하여 넘치는 사람은 이 책을 통해 수렴하여 되돌아와 요약하는 법을 얻고, 배움을 잃어 고루하**

**고 협소한 사람은 이 책을 통해 공부하는 방법을 정해야 한다. 이로써 학문에 늦고 빠름이 있다 할지라도 더하여 좋은 바가 있을 것이다. 만약 부지런히 노력하지 않고 편하고 쉬운 방법을 찾으려 한다면 이는 문과 뜰만을 찾고 방 안에 들어가려 하지 않는 것과 같다.**

그렇다면 《성학집요》의 바탕은 무엇일까? 그 뿌리는 《대학》에 있다. 그러나 그것이 끝이 아니다. 《성학집요》에는 이이의 사상이 함께한다. 이이는 《성학집요》를 통해 '수신제가치국평천하修身齊家治國平天下'의 내용과 체계를 자신의 독자적인 유학 사상과 옛 성현들의 글을 인용하여 밝히고 있다.

《성학집요》는 크게 〈통설統說〉, 〈수기修己〉, 〈정가正家〉, 〈위정爲政〉, 〈성현도통聖賢道統〉의 다섯 부분으로 나뉜다. 제1편 〈통설〉은 수기치인修己治人을 말하는데, 《대학》의 명명덕明明德, 친민親民, 지어지선止於至善을 살펴보는 것이다. 수기치인이란 스스로 수양하고 세상을 다스린다는 뜻으로, 군자의 두 가지 기본 과업을 지칭한다. 제2편 〈수기〉는 《대학》의 명명덕, 즉 사람의 맑은 본성을 밝힘을 열세 항목으로 세분하여 자세히 설명한다. 특히 여기에는 이이의 철학과 사상이 훌륭하게 압축되어 있다. 제3편 〈정가〉는 《대학》에서 말하는 제가齊家, 즉 집안을 잘 다스림의 의미를 밝힌다. 제4편 〈위정〉은 치인의 치국평천하, 즉 나라를 잘 다스리고 온 세상을 평안하게 함에 대해 말한다. 제5편 〈성현도통〉은 《대학》의 실적을 설명하는데, 그 이념이 실제적으로 실현된 흔적을 살핀다.

《성학집요》는 확실히 나라를 다스리는 방법을 담고 있다. 그런 면에서 이황의 《성학십도》와 닮았다. 그러나 《성학집요》와 《성학십도》가 제시하는 방법은 조금 다르다. 우선 《성학십도》는 도표와 해설로 구성되어 있어서 집약적이다. 또한 태극도太極圖로부터 시작하는 《성학십도》는 그 내용이 좀 더 관념적이고 철학적이라고 할 수 있다. 하지만 《성학집요》는 좀 더 친절하다.

물론 임금은 학문을 닦아야 하고 성인이 되기 위해 노력해야 한다. 하지만 그 길을 가기가 너무 복잡하다. 사서육경四書六經을 지나 수많은 유학자들의 이야기를 들어야 하는데, 자칫 해석을 잘못하면 엉뚱한 길로 들어설 수도 있다. 때문에 길잡이가 있어야 한다. 그래서 이이는 성인의 길을 가는 데 있어 중요한 부분을 추출했고, 《대학》으로 그 뼈대를 삼았다. 성인이 되고 왕도를 실현한다는 목표는 《성학십도》와 같았지만 그곳에 이르는 길을 다른 방법으로 표현한 것이다.

그런데 이이에게는 이황과 다른 두드러진 특징이 있다. 이이가 변화에 더 큰 의미를 두고 있다는 점이다. 나라를 다스린다는 것은 무엇일까? 백성이 살기 좋은 나라를 만든다는 것이다. 왕의 덕이 아래에 미치고 아래의 덕이 위에 미쳐 서로 상응하면 자연히 살기 좋은 나라가 된다. 그런데 모두가 바라는 살기 좋은 나라는 쉽게 만들어지지 않는다. 이는 기존의 체제를 답습하고 있기 때문이다. 그러니까 변해야 한다. 결국 이이의 이야기는 세상을 바꾸자는 것이다. 우리가 지금까지 알고 있던 유학자들은 세상의 변화나 개혁과는 멀어 보였다. 그러나 이이는 현실에 참여하고 현실을 바꾸려는 노력을 끊임없이 보인다. 그의 세상에 대한 의지는 어디에서 온 것일까?

## 그릇이 없으면 물은 움직이지 않는다

《성학집요》에는 이이의 현실 인식과 개혁 의지가 표현되어 있다. 그리고 이이의 현실개혁론은 그의 이기론理氣論과 밀접한 관계가 있다. 이이의 핵심 사상은 주기론主氣論에 근거한 이기일원론理氣一元論이다. 이기理氣와 관련하여 당시 조선 유학에는 대표적인 네 가지 입장이 있었다. 먼저 모든 것을 이로 회귀하여 이를 절대적으로 앞세우는 정암 조광조의 '이일원론理一元論'과 기를 모든 것의 기초로 보는 화담 서경덕의 '기일원론氣一元論'이 있었다. 그리고 이와 기가 뚜렷하게 구별되고 서로 섞일 수 없으며, 이가 기보다 우위에 있다는 이황의 주리론主理論

에 기초한 '이기이원론理氣二元論', 이와 기는 뚜렷하게 구분되지만 일체를 이뤄 불리不離하며, 기가 이를 이끈다고 보는 이이의 주기론에 기초한 '이기일원론'이 있었다. 이이는 자신의 철학을 '물그릇'에 비유하여 설명했다.

**그릇이 발동할 때 그릇에 담긴 물이 움직이는 것과 같이, 기가 발할 때 이가 타는 것이다. 그러나 그릇이 발동하면 물이 발동하지만, 물 스스로 발동하지 못한다. (중략) 사람의 이는 곧 물物의 이니 이의 통함(通)이다. 모나고 둥근 그릇은 다르나 그릇 속의 물은 마찬가지다. 크고 작은 병은 다르나 병 속의 빈 것은 마찬가지다.** – 《율곡집栗谷集》

즉, 세상 만물의 작용은 오직 기만이 할 뿐이며, 이는 단지 '까닭이 되는 원리나 법칙'일 뿐이라고 말한다. 이이의 사상은 이황과 항상 함께 이야기된다. 이 둘의 논의가 조선 주자학의 최고 논쟁이었으며 학문적 토론의 정점을 이뤘기 때문이다. 이황은 "그릇이 움직여 물이 따라 움직이기도 하고, 물이 움직이니 그릇이 따라 움직인다"라고 주장했다. 그러나 이이는 이를 비판했다.

**발하는 것은 기요, 발하는 까닭은 이다. 기가 아니면 발할 수 없고, 이가 아**

**니면 발할 바가 없다.** - 《율곡집》

쉽게 이야기하면 자동차와 같은 것이다. 자동차가 움직이는 것은 운전하는 사람이 있기 때문이다. 그런데 자동차가 없다면 사람이 운전할 것이 없다. 기가 아니면 발할 수 없는 것처럼, 자동차가 없으니 운전할 수 없다. 그러나 사람이 없어 운전하지 않는다면 자동차가 있어도 차는 움직이지 않는다. 이가 아니면 발할 바 없는 것처럼, 자동차는 있지만 움직일 바가 없는 것이다.

이이의 철학은 만물의 구체적 작용이 이뤄지는 기를 중시하기에 구체적인 현실의 문제에 대해 관심을 가질 것을 촉구한다. 그래서 그는 누구보다도 적극적으로 현실에 참여하여 폐단을 개혁하고자 했다. 이이는 현실을 처리하는 것은 주관적 성실성만으로는 불가능하므로, 객관적 여건에 대한 통찰이 있어야 한다고 강조했다.

## 실천의 철학, 개혁의 사상가

이이는 조광조의 개혁 사상과 서경덕의 기일원론, 그리고 이황의 주리철학으로부터 많은 영향을 받았다. 그러나 그는 이를 모두 비판적으로 극복하고 독자적으로 종합하여 주기철학을 확립했다. 이이의 독자적인 사상은 당시의 정치 현실에서 뚜렷한 개혁적 성격을 보였다. 이이의 사상은 훗날 기호학파를 형성하여 이황의 영남학파와 구별되는 흐름으로 자리 잡았다. 이이의 사상은 여기에만 영향을 미친 것이 아니었다. 실학의 대가인 이익은《성호사설》에서 "국초 이래로 시무를 아는 이는 오직 율곡과 반계(유형원)뿐이다"라고 할 정도로 이이를 높이 평가했다. 이이의 주기철학과 개혁 정책이 조선 후기 실학의 태동에 큰 영향을 미쳤음을 확인할 수 있는 대목이다.

현실개혁가였던 이이는 현실 파악을 위한 역사의 단계를 세 가지로 나눴다. 첫째는 혁명의 단계인 '창업', 둘째는 보수적으로 유지되는 '수성'의 단계, 셋째는 혁신이 필요한 '경장'의 시기다. 이이는 자신의 시대를 경장의 시기로 파악했다. 경장이란 오래된 관습을 혁신하고 폐단을 바로잡아 백성을 도탄에서 구하는 것을 말한다. 그는 경장의 시대에는 점진적인 개혁과 혁신이 필요하다고 생각했고 그 방법론까지 제시했다. 이런 이이의 관점과 개혁 정책은 그의 상소문인 〈만언봉사萬言封事〉에 잘 나타난다. 이이는 여론정치와 의회제도의 싹이라고 할 수 있는 '국시론'과 '경제사 설치'를 주장하고, 평등론에 입각한 노비 해방 등의 혁신적인 주장은 물론, '10만 양병설'을 통해 국방 정책까지 제시했다.

이이는 봉건제도의 폐습을 과감하게 개혁하여 새로운 시대적 조건에 맞는 학문과 정치를 주장했던 것이다. 그러나 그의 정책은 받아들여지지 않았다. 개혁의 시기를 놓치면 얼마나 커다란 대가를 치르는지 우리는 알고 있다. 그것은 뼈아픈 후회다. 하지만 지금의 우리는 후회하지 않을 수 있다. 우리에게는 이이가 남긴 개혁 정신이 있지 않은가?

그렇다면 우리는 어떤 마음가짐으로 이이의 개혁 정신과 실천 의지를 본받아야 할까?

**한 발자국을 내딛을 때, 마음은 한 발자국에 있다. 두 발자국을 내딛을 때, 마음이 두 번째 발자국에 있는 것을 경건하다 한다. 만일 한 발자국을 내딛었는데 마음이 두 발자국에 가 있고 두 발자국을 내딛었는데 더 먼 발자국에 마음이 있다면 그것은 경건하지 않은 것이다. 글씨를 씀에도 일을 함에도 마찬가지다. 첫 글자를 쓸 때 마음은 첫 글자에 있어야 하고 첫 번째 일을 할 때 마음은 그 일에 가 있어야 한다. 오로지 일을 함에 전일하게 하는 것이 경건이다.** – 〈수기〉

나를 바꾸고 사회를 바꾸는 마음의 핵심은 정도正道다. 그러나 우리는 종종 어떻게 하면 빨리 갈지를 생각하고 어떻게 하면 편리할지만 생각한다. 그것은 효과적이거나 효율적인 것과 다르다. 정도를 어긋난 효과와 효율은 편법이기 때문이다. 한순간에 이뤄지기를 바라는 헛된 기대나 허황한 꿈이 아닌, 단계를 밟아가는 정도를 유지할 때 우리는 자신 앞에 찾아온 기회를 맞이할 준비가 되어 있는 것이다.

경건하자. 내게 경건하고 사회에 경건하자. 그러면 세상도 경건해질 것이다. 한 발자국을 내딛으면서 두 발자국을 생각하는 것은 과욕이다. 우리는 스스로의 변화에 있어서나 세상을 변화시키는 데 있어서나, 너무 빨리 너무 많은 것을 원하곤 한다. 이제 막 변하기 시작했는데 변하지 않는다고 포기해버리거나, 변하고 있는 중인데 변할 수 없다며 선을 긋는다. 하지만 그런 자세가 오히려 변화를 가로막는다. 그렇기에 경건함은 더 나은 사람, 더 나은 세상으로 가기 위해 반드시 갖춰야 할 태도다.

## 모두가 잘사는 국가는 어떻게 만드는가?

검소한 삶을 지향하는 사람일지라도 최소한의 돈은 필요하며, 경제적인 여유를 통해 안정과 자유를 누릴 수 있다. 문제는 모두가 잘살 수는 없다는 것이다. 피땀 흘려 열심히 일해도 가난에 시달리는 사람들이 생기는 이유는 무엇일까? 조금만 노력하고도 손쉽게 돈을 버는 사람들은 선택받은 삶인가?

고인 물은 썩는다고 했다. 고였다는 것은 변화를 잃어버렸다는 뜻이다. 아니면 변화를 거부하고 있는지도 모른다. 그래서 부정한 위정자와 기득권이 자신들의 안락한 삶을 유지하기 위해 잘못된 체제를 정체시킬 때 그 사회에는 썩은 냄새가 날 수밖에 없다. 그런데 그 냄새를 맡는 사람들은 경제적 하위 계층으로 힘겹게 살아가는 수많은 국민들이다.

명나라가 망하자 조선은 스스로 소중화小中華를 자처하며 청나라를 오랑캐로 천시했다. 그런데 당시 청나라의 선진 문물을 받아들여 나라의 경제를 향상시키기 위해 노력했더라면 조선 사회는 어떻게 변했을까? 비슷한 시기의 영국 역시 자본은 권력이 되어 스스로의 배를 불리고 있었다. 박제가의 《북학의》와 애덤 스미스의 《국부론》은 이런 시대적 상황을 타개하기 위한 고민의 산물이었다.

# 구하라!
# 그러면 얻을 것이다

**– 박제가 《북학의北學議》 –**

## 고인 물은 썩게 마련이다

17세기 초반, 북방의 오랑캐라 불리던 여진족이 중국을 통일하고 청나라를 세웠다. 당시 조선은 주자학의 틀에 갇혀 변화의 동력을 잃었다. 한족이 사라진 중국 대신 조선 스스로를 '소중화'라 칭하고, 여전히 청나라를 오랑캐라며 멸시했을 뿐이다. 그때 조선의 선비들이 본 것은 청나라의 막강한 현재가 아닌 과거 오랑캐의 모습이었다. 그 깊은 편견과 배척은 새로운 문물의 도입을 가로막았다. 조선 후기 실학자인 박제가의 고민은 그곳에서 시작되었다.

**지금 사람들은 아교와 옻칠의 껍질에 가려 꿰뚫어 헤쳐 보지 못하고 학문**

**도 속된 껍질에 갇혀 있으며 문장 또한 속된 껍질에 갇혀 있다. (중략) 지금 사람들은 호胡 자 하나만으로 중국을 말살하려 한다. 내가 중국의 풍속이 이처럼 훌륭하다고 하면 사람들이 바라던 것과 크게 다르다. – 〈북학변北學辨〉**

청나라를 애써 외면하던 당시 조선의 선비들과 달리, 박제가는 냉철한 현실 인식 속에서 조선이 나아가야 할 바를 밝히고자 했다. 그 대의를 박제가는 '북학北學'으로 표현했다. 북학은 《맹자》의 〈등문공장구滕文公章句〉에서 나온 말로, 남방의 진량이 북쪽에 가서 주공과 공자의 도, 즉 유학을 배운다는 의미다. 박제가는 북학의 의미를 응용하여 조선이 중국을 선진 문명으로 인정하고 배우겠다는 뜻을 함축했다. 조선의 발전을 위해서는 허울뿐인 명분 대신 실리를 선택해야 한다고 주장했던 것이다. 《북학의》에 등장하는 박제가의 이 개혁적 사상은 곳곳에서 당시의 주류 담론과 충돌한다.

## 수레와 벽돌의 경제 효과

당시에는 충격적이고 개혁적이었을지 모르지만, 박제가의 사상은 삶과 생활을 개선하고자 하는 실리 사상이었다. 생활의 개선은 개인의 노력만으로는 이뤄지지 않는다. 구조적인 개혁이 이뤄질 때, 개인의 삶에도 변화가 찾아온다. 오랑캐로 불렸던 여진족이 청을 세우고 중국을 통일할 수 있었던 이유도 그들이 새로운 것을 받아들이고 자신을 발전시켰기 때문이다.

인간의 기술이 시간의 흐름에 따라 끊임없이 발전해왔다는 생각은 우리가 흔히 하는 오해 중 하나다. 중국의 4대 발명품 중 하나로 일컬어지는 화약이 그 예다. 시간의 흐름에 따라 기술이 발전했다면 중국은 지금 최고의 폭발물을 만들어야 한다. 그러나 처음으로 다이너마이트를 만든 사람은 알프레드 노벨Alfred Bernhard Nobel이었다. 중국이 정치·사회 논리에 따라 화약의 발전을 억제했기 때문이다. 조선도 마찬가지였다. 당시 청나라와 달리 조선에는 쓸 만한 수레가 없었다. 삼국시대에는 많이 사용되던 수레를 조선시대에는 많이 쓰지 않았다. 비록 그 이유를 조선 땅에 산길, 고갯길이 많기 때문이라고 변명하지만 그 이면에는 다른 논리가 자리 잡고 있었다. 박제가는 그런 논리를 타파하고 수레를 이용한 새로운 사회·경제 패러다임을 제시했다.

**수레를 운행하면 길은 저절로 닦여질 것이다. 동쪽으로 대관령, 남쪽으로 새재, 북쪽으로 철령·관령, 서쪽으로 동선령으로 길이 트이면 통하지 않을**

**곳이 없다. (중략) 우리나라는 수레가 쓰이지 않아 기계를 만드는 관직이 마침내 폐지되었고 기술도 퇴보했다. 길과 집은 규격이 없어 고통스럽고 사람들이 견디기 힘들게 된 것이 대개 이로 인한다. (중략) 까닭에 영동에서는 꿀이 생산되나 소금이 없고, 관서에서는 철이 생산되나 감귤이 없으며, 북도에서는 삼이 잘되어도 면포는 귀하다. 산골에는 붉은팥이 흔하고 해변에는 창난젓과 메기가 많다.** – 〈거(수레)구칙車九則〉

박제가가 이야기하는 것은 물류다. 수레를 쓰지 않으니 잘 닦인 길도 필요하지 않다. 사람들이 직접 등에 지거나 말에 실어 물건을 나르니 시간은 늦어지고 물량은 부족하다. 조선이라는 땅덩어리는 동맥경화에 걸린 것처럼 막혀 있었다. 그 막힘을 뚫을 방법으로 박제가는 수레를 이야기한 것이다. 물자 수송이 원활하지 못했기 때문에 사회적 빈곤은 가중될 수밖에 없다고 그는 말했다. 박제가의 뛰어난 점은 하나의 사물을 하나로만 보지 않는 데 있다. 그는 수레를 통해 길의 정비와 물자의 수송을 내다본 것이다.

또한 박제가가 청나라에서 인상 깊게 본 것 중 하나가 벽돌이었다. 당시 조선에서는 흙을 대충 발라 집을 지었다. 그러다 보니 집은 견고하지 못했고, 짓는 일 역시 대단히 불편했다. 그런데 박제가가 말하고 싶었던 것은 단지 벽돌 사용이라는 건축자재의 변화가 아니라, 벽돌 사용을 통한 건축양식 및 생활의 변화였다. 박제가는 벽돌로 견고한 주택, 창고, 성곽을 지음으로써 수많은 효용을 얻을 수 있다고 강조했다. 뿐만 아니라 몸소 벽돌 만드는 기술을 연구하여 시범을 보이기도 했다. 벽돌이 가져올 변화에 대해 그는 이렇게 설명했다.

**백성들이 매일 쓰는 것은 반드시 서로 도와 행해야 한다. 지금 나라에 벽돌이 없어 나 혼자 만들려고 하면 벽돌을 굽는 가마도 내가 만들어야 하고, 거기에 바르는 회도 내가 만들어야 하며, 벽돌을 운반하는 수레도 내가 만들어야 하고, 여러 가지 공장의 일도 내가 해야 하니 이로움이 얼마이겠는가? 시골에 흙과 땔나무가 족할 것 같으면 흙벽돌을 만들어도 괜찮다. 벽돌을 만들 때, 반드시 관청에서 좋은 가격으로 백성에게서 벽돌을 산다면 십 년 안에 나라는 모두 벽돌로 될 것이다. 나라 안이 모두 벽돌로 된다면 기필코 하려고 하지 않아도 흔해지고 흔해지면 다른 물건도 그와 같이 될 것이다.** – 〈벽甓〉

박제가는 벽돌을 통해 경제학의 한 면을 보여준다. 벽돌을 쓰기 위해서는 수요가 발생해야 한다. 이를 위해서 관은 벽돌을 사고 그 벽돌로 건축을 해야 한다. 벽돌 수요가 많아지면 당연히 벽돌을 만드는 곳도 많아질 것이다. 그러면 벽돌은 저렴한 일용 재료가 될 것이다. 지금이야 간단한 원리 같지만 당시에는 획기적인 생각이었다.

그다음으로 박제가는 각종 농기구를 수입하여, 이를 똑같이 만들어 보급함으로써 농업 생산력을 높일 것을 주장했다. 특히 그는 수차와 비료의 사용을 강조했다. 둑 하나를 사이에 두고 한쪽은 물이 많아 걱정이고, 다른 쪽은 물이 없어 걱정인 것은 수차가 없기 때문이다. 수차가 보급되지 않은 이유는 수레나 벽돌과 마찬가지로 제작기술이 낙후하기 때문이므로, 이를 청나라에서 배워야 한다고 목소리를 높였다. 그는 또한 "거름을 밭에다 주는 것보다 효과가 현저한 일이 없는데, 우리는 수레가 없어서 장안의 분뇨를 실어내지 못하고 그것을 비료로 하지 못하니 이는 백만 석의 곡식을 버리는 것과 같다"라고 한탄했다. 이렇듯 박제가의 주장에는 경제관념이 담겨 있었다. 그러나 그의 주장이 관철되기 위해서는 사회구조의 변동이 필수였다.

### 기득권이 아니라 백성을 위한 세상으로

박제가는 농업에도 많은 관심을 기울였지만, 역시 그의 핵심 사상은 상업관에 있다. 당시 지배층은 물론이고 대부분의 실학자들도 중농주의를 주장했다. 그들은 농업과 상업의 관계를 대본大本과 말업末業의 관계로 보고, 화폐 유통과 소비를 억제해야 한다고 주장했다. 그러나 박제가는 상업의 의의와 필요성을 인식하고 적극적인 상업 장려와 상업의 바탕이 되는 생산의 진흥을 강조했다.

"경제란 우물과 같아 이를 줄곧 이용하지 않으면 말라버린다. 쓸 줄을 모르면 만들 줄을 모르고, 만들 줄을 모르면 민생은 날로 어려워진다"라는 그의 말은 그의 사상을 집약적으로 보여준다.

**쓸모없는 것으로 쓸모 있는 것을 구하지 않으면, 이른바 쓸모 있는 것은 거의 한편으로 막혀서 유통되지 않고 한쪽으로만 움직여 없어지기 쉽다. 까닭에 옛날 성왕이 그것을 위해 주옥과 화폐 등의 가벼운 것으로 무거운 것에 필적하게 했다. 없는 것으로 있는 것을 도운 것이다.** – 〈시정市井〉

재화의 이동은 경제의 기본이다. 박제가는 이를 철학적으로 풀어냈다. 노자와 장자가 말한 '쓸모없음의 큰 쓰임'이다.

한편 박제가는 사농공상士農工商의 경직된 계급 구조가 경제 발전을 가로막는 원인이라고 생각했다. 특권 신분만 세습되고 벼슬을 하지 못하는 양반이 많아지면서 이들이 생활 방편으로 백성에 대한 수탈을 일삼기 때문에 농민과 수공업자들이 살 수 없게 되었다는 것이다.

그래서 박제가는 그런 양반들이 상업에 종사하는 것을 허용하고, 국가가 점포 대여 등을 장려할 것을 주장했다. 이는 봉건적 신분 계급의 타파를 주장하는 혁명적인 사상이었다.

**무릇 놀고먹는 자는 나라의 큰 좀벌레와 같습니다. 놀고먹음이 계속 심해지면 문벌 좋은 집안의 자손이 날로 번성합니다. 이런 무리들이 나라에 온통 퍼지면 한 부분의 벼슬로는 어찌할 수가 없습니다. 그것을 처리하는 방법을 찾는다면 허튼 말이 없고 국법이 행해질 것입니다. 저는 무릇 물과 육지의 교통을 통해 판매하고 무역하는 일을 모두 문벌 좋은 집안의 자손에게 허락하고 그들을 호적에 올릴 것을 청합니다. 재물을 빌려주거나 가게를 만들게 해서 업적이 드러나면 발탁하게 해 날로 이익을 추구하게 하고 점점 놀고먹는 추세를 없애서 생업을 즐기는 마음을 열어줘 굳센 권세를 없애면 이는 또한 풍속을 변화시키는 데 도움이 될 것입니다.** – 〈병오소회丙午所懷〉

이에 더해 박제가는 통상론을 주장했다. 그는 중국과의 해로 통상을, 더 나아가 국력을 길러 더 많은 나라들과 통상할 것을 역설했다. 이런 주장은 그가 몸담은 북학파 내에서조차 지지를 받지 못했다. 그러나 그는 자주적 개방의 중요성을 강조했다.

박제가는 또한 《북학의》에서 독특한 국방론을 개진했다. 그는 "군비는 백성의 일상생활과 직결되어야만 준비되고 비용이 안 드는 것이다"라고 주장했다. 군비와 기술과 생산력은 동전의 양면과 같은 관계라고 바라본 것이다.

> **군사란 반드시 민생의 생활과 연관을 시켜놓아야 허비되는 바가 없다. 수레는 비록 군사를 위한 것이 아니지만 수레를 사용하면 자연히 군대의 여러 물품을 실을 수 있다. 벽돌은 비록 군사를 위한 것이 아니지만 벽돌을 사용하면 만민의 성곽이 갖춰진다. 여러 공인의 기예와 목축의 일은 군사를 위한 것은 아니지만 삼군의 말과 전투하는 기계가 갖춰지지 않고 예리하지 않으면 군사라 할 수 없다.** - 〈병론兵論〉

수레를 사용하면 군수품 보급이 원활해지고, 벽돌을 사용하면 견고한 성벽을 만들 수 있다. 직접적인 군비는 아니지만 제대로 발전하면 실속 있는 군비가 된다. 이런 국방론은 대단히 현대적이다.

《북학의》에는 다른 실학 사상가들에게서 찾아볼 수 없는 특유의 진보성이 있다. 특히 박제가의 중상주의론은 조선 말기의 변화하는 시대적 상황을 예리하게 포착한 것이다. 유럽의 경우 자본주의가 싹터 발전하고 있을 때 중농주의와 중상주의의 논쟁이 나타났다. 그리고 중상주의는 자본주의의 발전에 커다란 영향을 미쳤다. 우리나라의 경우에도 조선 말기에 부분적이기는 하지만 자본주의적 요소들이 나타났다. 이런 시대에 박제가의 중상주의는 자본주의 발전을 위한 유력한 정책이 될 수 있었을 것이다.

박제가가 혁명적이고 진보적인 사상을 펼 수 있었던 이유는 무엇일까? 그것은 세상을 개방적이며 유기적으로 바라보는 눈에 있다. 그는 청나라에 대한 편견을 걷어내고, 조선의 경제를 살리기 위해 청나라에서 받아들일 문물이 무엇인지에 집중했다. 그리고 그 사물의 쓰임이 조선의 경제와 생활방식, 국방력 등에 어떤 역할을 할지 유기적인 관계를 파악했다. 박제가의 이 진보적인 생각과 노력의 뿌리에는 많은 백성들이 보다 나은 삶을 살아가길 바라는 간절한 마음이 있었다.

# 이기심이
# 사회를 발전시킨다

**– 애덤 스미스 《국부론》 –**

## 제발 내버려두시오

“우리가 빵을 먹을 수 있는 것은 빵집 주인의 이타심 덕택이 아니라 빵집 주인의 이기심 덕택이다.” 18세기 영국 글래스고 대학의 한 교수는 당대의 상식을 뒤집어엎는 도발적인 발언으로 세상을 떠들썩하게 만들었다. 네 이웃을 사랑하라는 예수의 가르침을 믿고 따르던 시절에, 이 학자는 “이기심은 인간의 타고난 본성이니 이 이기심이 가르치는 대로 살아라”라고 공언했던 것이다. 자유로운 경쟁이 이뤄지기만 한다면, 개인의 이기심에 따른 행위들은 사회 전체의 입장에서 볼 때 아름다운 조화를 만들어낸다고 그는 주장했다. 도대체 무엇에 의해 개인의 이기심과 경쟁이 사회를 조화롭게 발전시킬 수 있을까?

**공익을 추구하려는 의도도 없고 자신이 공익에 얼마나 이바지하는지조차 모르는 사람들은 오직 자신의 이익만을 추구한다. 그런데 그들은 그 과정에서 보이지 않는 손에 이끌려 자신이 전혀 의도하지 않은 부수적 결실(공익)을 얻게 된다.**

학자의 이름은 애덤 스미스. 이 '보이지 않는 손'이 등장하는 책의 이름은《국부론》이다. '보이지 않는 손'으로 스미스가 주장하고 싶었던 것은 이른바 '레세페르', 즉 '하도록 내버려두라'다.

지금도 영국산 모직 하면 알아주지만 과거에도 영국은 품질 좋은 모직물로 전 유럽의 무역을 석권했다. 당시 영국은 이 모직물의 독점적 지위를 유지하기 위해 온갖 법적 제한을 설치했다. 엘리자베스 8년(1565년)의 법률 제3호에 의하면 양을 수출한 자는 초범일 경우 그의 전 재산을 몰수당하고 일 년간 구금된 뒤, 장날에 마을에서 왼손을 절단당하고 못 박히게 된다. 그리고 재범일 경우에는 사형을 당한다.

양이 황금을 낳는 거위라고 생각했던 것일까? 이후로도 영국의 법률은 양모의 운반조차 철저히 규제했다. 예를 들어 양모는 가죽이나 포장용 천에 싸서 겉에 3인치 이상의 크기로 '양모'라고 기입해야 한다. 그러지 않으면 양모와 그 포장을 몰수당하고 양모 소유자는 무게 1파운드당 3실링의 무거운 벌금을 내야 한다. 해안에서 10마일 이내의 지역에 있는 모든 양모 소유자는 양모를 깎은 지 삼 일 안에 양모의 양과 보관 장소를 세관에 서면으로 보고해야 하며, 양모를 옮기기 전에 양모의 무게, 구매자의 이름과 주소, 운반 예정지 등을 통보해야 한다.

그로부터 오랜 시간이 지난 후 애덤 스미스가 '레세페르'를 외친 이유가 여기에 있다. 그는 모직물을 둘러싼 이 법적 제약들을 그만두라고 주장했다. 이런 법률로 이익을 챙기는 자들은 소수의 모직물 제조업자일 뿐, 대다수의 양모 생산자들이 손해를 봤기 때문이다.

**우리나라의 중상주의에 의해 주로 진흥되는 것은 부자 권력자의 이익을 위한 산업뿐이다. 가난한 자와 빈궁한 자의 이익을 위한 산업은 너무나 자주 무시되거나 억압받고 있다.**

또 이런 예도 있다. 영국 각지에서 가내수공업에 종사하는 여성 방적공에 의해 아마실이 생산되면 천을 짜는 직포공의 손을 거쳐 대제조업자의 수중으로 넘어간다. 국회에서 아마포의 수출에 대해 장려금을 주고 아마포의 수입에 대해서 높은 관세를 부과하는 법률이 제정되어, 아마포를 수출하는 대제조업자들은 독점적인 이익을 누리게 되었다. 그런데 악랄하게도 외국산 아마실의 수입을 장려함으로써 국내 아마실을 외국산 아마실과 경쟁 관계에 놓이게 해 결과적으로 영국 내 아마실의 가격을 떨어뜨렸다. 그러지 않아도 가난한 방적공을 더욱 빈궁하게 만드는 이런 상황이 스미스의 눈에는 명확한 부정으로 보인 것이다.

## 펜대를 들고 중상주의에 맞서다

스미스가 《국부론》을 집필하던 1776년은 미국에서 영국의 식민지 통치를 부수는 투쟁이 한창 진행 중이었다. 스미스가 영국에서 펜대를 쥐고 중상주의와 싸우고 있었다면 조지 워싱턴George Washington은 미국에서 총을 쥐고 중상주의와 싸우고 있었다. 식민지 주민들이 영국과 싸워 이기리라는 것은 상상조차 할 수 없었던 상황에서 워싱턴의 민병대는 영국의 정규군을 물리치고 독립선언문의 정당함을 확인했다. 마찬가지로 왕이 나라 경제의 구석구석까지 관여하여 제한을 가하던 당시에 스미스의 자유방임주의는 중상주의를 물리치고 해일처럼 밀려드는 산업혁명의 이념적 토대를 세웠다.

그러면 영국은 미국을 어떻게 통치했을까? 식민지 주민이 만든 생산물 중 영국에만 수출하도록 정해놓은 물건을 열거품이라 불렀는데, 여기에는 당밀, 커피, 코코아, 담배, 향료와 같이 영국에서 생산되지 않는 것과 각종 선박 용품, 타르, 선철, 봉철, 피혁과 같이 영국에서 소량 생산되는 물건들이 포함된다. 영국의 대상인들은 식민지에서 아주 저렴한 값으로 이 제품들을 매입함으로써 폭리를 취할 수 있었고, 그만큼 식민지 주민들은 손해를 봐야 했다.

영국은 미국산 선철, 봉철을 수입할 경우 수입업자에게 장려금을 줬는데 이는 얼핏 미국의 제철 산업을 진흥시키는 일환으로도 보인다. 그런데 선철, 봉철을 가공하는 제강소 혹은 강재 절단 공장이 미국에 건립되는 것은 법률로 금지했다. 원료는 생산하여 본국에 싼값으로 수출하되 가공품 혹은 완제품은 본국의 물건을 가져다 쓰라는 이야기다. 또한 양모, 모직물 등은 수로를 통해서는 물론이고 말, 마차에 의해 육로로 한 주에서 다른 주로 운반하는 것을 금지했다. 식민지의 산업을 동네의 수요나 충족시키는 가내수공업으로 제한시키겠다는 저의가 명백히 노출되는 부분이다. 이에 대해 스미스는 이렇게 규탄했다.

**주민들에게 자신의 생산물을 이용해 물건을 만들지 못하게 하고 자신의 자산과 노동을 가장 유리한 방식으로 사용하는 것을 가로막는 것은 인간의 가장 신성한 권리에 대한 명백한 침해다.**

이제 우리는 왜 스미스가 "그냥 내버려두시오. 그것이 최상의 정책이오"라고 외쳤는지 알 수 있다. 나아가 그는 왕 혹은 국가의 역할을 다음의 세 가지로 축소시켜야 한다고 주장했다.

**자연적 자유의 제도하에서는 왕은 오직 세 가지의 의무에 유의해야 하는데, 이 세 가지 의무는 물론 매우 중요하지만 명백한 이해력을 가진 사람이라면 누구나 파악할 수 있다. 세 가지 의무란, 첫째 사회를 다른 독립 사회의 폭력·침략으로부터 보호하는 의무, 둘째 사회의 각 구성원을 다른 구성원의 불의한 억압으로부터 보호하는 의무, 또는 엄정한 사법을 확립하는 의무, 셋째 일정한 공공사업·공공시설을 건설·유지하는 의무다.**

## 분업의 위대한 힘

《국부론》은 900쪽이 넘는 지면에 방대한 역사적·지리적 자료들을 담고 있으나, 전개되는 경제 이론은 단순하다. 스미스는 책의 서문 맨 앞에서 한 국민의 연간 노동은 그 국민이 소비하는 생활필수품과 편의품 모두를 공급하는 원천이라고 선언함으로써 상품 가치의 원천이 노동이라고 밝혔다. 이는 국가의 부는 농업과 제조업에 종사하는 생산자, 노동자들의 노동에 달려 있다는 사상을 시사한다.

스미스가 왜 이 명제를 서문의 서두에 밝혔는지, 우리는 이해할 수 있다. 그의 머릿속에는 국가의 부를 증대시키려면 금이나 은과 같은 화폐를 많이 축적해야 한다는 중상주의에 대한 대결 의식이 자리 잡고 있었다. 스미스는 중상주의자들의 착각에 대해 다음과 같이 힐난했다.

**국민이 소비하는 생활필수품을 공급해주는 것은 얼른 보면 금이나 은과 같은 화폐인 것 같지만, 그게 아니오. 금과 은은 이런 상품을 구입할 때 사용하는 교환 수단에 지나지 않는 것이라오. 상품은 어떻게 만들어지는가요? 바로 농산물을 만드는 농민, 공산품을 만드는 노동자들의 노동에 의해 만들어지는 것이 아닌가요? 그러니 한 나라의 부는 그 국민의 연간 노동에 의해 결정되는 것이지요. 그렇지 않소?**

그러면 한 나라의 부를 증진시키려면 어떻게 해야 할까? 무조건

제조업에다 사람들을 많이 투입하여 노동의 양을 증대시키면 될까? 이 물음에 대해 스미스는 그 유명한 '핀 공장'의 작업 공정을 예로 든다. 한 사람의 노동자는 아무리 열심히 일해도 하루에 20개 이상의 핀을 만들지 못하지만, 핀 공장에서 일하는 노동자들은 약 열여덟 가지의 특정 노동을 수행함으로써 한 사람이 하루 4800개의 핀을 만들 수 있다. 이에 스미스는 "노동 생산력의 거대한 전진은 대부분 분업의 결과였던 것 같다"라고 주장한다.

그러면 사회가 이처럼 수없이 다양한 업종으로 분화되었을 때 한 나라의 경제는 어떤 원리에 의해 조화를 이루게 될까? 분업은 교환을 전제로 한다. 따라서 스미스에 의하면 분업의 정도는 시장의 크기에 제한받는다. 시장이 발달하지 않은 오지의 사람은 자신의 생활 필수품을 자급자족해야 하기 때문에 특정한 일만 붙들 수가 없는 것이다.

스미스에게 있어서 자유로운 시장은 상품의 가격을 결정해주고, 상품의 수요에 따라 상품의 생산량을 조절해주며, 생산자에게 공정한 노동의 성과를 배분해주는 자동 조정 장치다. 이 점을 이해하기는 그리 어려운 일이 아니다.

사냥꾼의 세계에서 물개 한 마리를 잡는 데 필요한 노동이 사슴 한 마리를 잡는 데 필요한 노동의 두 배라면, 한 마리의 물개는 사슴

두 마리의 가치를 갖는다. 만일 시장에서 물개와 사슴이 1:2로 교환되지 않고 1:1로 교환된다면 물개 사냥꾼들은 업종을 바꿔 사슴 사냥에 나설 것이다. 그렇게 되면 물개의 공급은 줄어들고 사슴의 공급은 늘어난다. 수요와 공급의 조정 과정은 물개와 사슴이 1:2로 교환될 때까지 진행될 것이다. 결국 시장은 각각의 생산물이 자기의 가치에 따라 교환되는 것을 도울 뿐 아니라, 이 과정을 통해 사회 전체의 수요에 따라 각 상품의 생산량을 통제하는 역할을 수행한다. 그래서 스미스는 이렇게 말했다.

**우리가 식사를 할 수 있는 것은 정육점 주인, 양조장 주인, 빵집 주인의 이타심 덕택이 아니라 그들 자신의 자기의 이익에 대한 관심 때문이다. 우리는 그들의 이타심에 호소하지 않고 그들의 이기심에 호소해야 하며, 그들에게 우리의 필요를 이야기할 것이 아니라 그들의 이익을 이야기해야 한다.**

사실 오늘날의 경제학 지식에 근거하면 스미스의 논리는 매우 소박하며, 더러는 오류도 있다. 경쟁의 자유만 주어지면 경제는 합리적으로 운용될 것으로 이야기한 점이나, 다른 모든 상품은 자유로운 경쟁에 의해 자신의 가치를 실현할 수 있다고 주장한 점은 사실이다. 하지만 자본주의 사회에서 유일하게 노동자가 제공하는 노동력이라는 상품만큼은 자본가와 자유로운 경쟁을 할 수 없다. 19세기 자본주의 역사는 스미스의 주장대로 자유방임주의의 길을 걸었으나, 그 시대에 노동자계급이 겪어야 했던 고통은 알리기에리 단테Alighieri Dante가《신곡》에서 묘사한 지옥의 고통을 훨씬 넘어서는 것이었다.

결국 자유방임주의는 산업혁명을 전후로 부르주아계급이 절대 군주와 영주, 독점 상인들과 싸우기 위해 치켜든 깃발에 불과했음을 이후의 역사는 증명한다. 19세기 후반에 접어들면서 유럽의 자본주의는 격심한 공황을 주기적으로 겪어야 했고 이 과정에서 자유로운 경쟁을 배제하는 독점자본이 출현, 자유경쟁자본주의는 독점자본주의로 변신했다. 하지만 사회를 경제적 관점에서 바라볼 수 있는 인식이 바로 애덤 스미스로부터 시작되었다는 점은 부인할 수 없을 것이다.

{ 에필로그 }

# 나의 혁명은 지금부터다

자신이 넓고 깊어진다면 무엇이든지 할 수 있다. 작은 잎사귀는 길가의 웅덩이에서도 뜨고 조그만 종이배는 실개천에서도 띄울 수 있지만, 거대한 범선은 바다에서나 뜰 수 있다. 커다란 것을 품으려면 자신을 넓고 깊게 만들어야 한다. 그것은 지금까지와는 다른 넓고 깊은 생각에서 비롯된다. 그리고 이는 새롭게 태어남을 의미한다.

헤르만 헤세는 말했다. 새로 태어나려고 한다면 껍데기를 깨뜨리지 않으면 안 된다고. 그러기 위해서 우리는 스스로 정해버린 한계, 혹은 무기력과 자책, 원망이나 좌절 등을 떨치고 일어서야 한다. 내 삶에 혁명을 시작해야 한다. 그것은 스스로에 대한 사랑, 자신 안에 숨겨진 가능성에 대한 믿음에서부터 출발한다. 그리고 이는 고전의 정신과 연결된다. 고전은 항상 보다 많은 사람이 더 나은 세상에서 살기를 바랐고, 그럴 수 있다고 믿었고, 이를 실현하고자 했다.

그러니 새롭게 태어나고 싶을 때는 고전을 펼쳐보자. 수천 년을 이어온 인류 정신의 정수精髓를 바탕으로 나의 삶에, 우리의 세상에 질문을 던져보자. '내 삶은, 이 세상은 어떤 모습이며, 어떻게 변해야 할까?' 그리고 그 답을 찾아가면서 내 생각의 넓이와 깊이를 확장시키자. 이것이 바로 고전과 함께하는 자아혁명이며 관계혁명이다.

이제 혁명을 시작하자. 고전은 그 길잡이가 되어줄 나침반이자 방향키다. 고전의 정신을 가득 담은 거대한 바다가 되어보자. 좌절하고 포기하지 말자. 꿈꾸고 실천하자. 고전을 통해 자기 안에 숨겨진 가능성을 깨닫고, 나와 세상에 대한 사랑을 바탕으로 더 큰 나, 나와 우리라는 세상을 품을 수 있는 거대한 바다가 되어보자.

이 책을 덮는 여러분의 마음에 혁명의 푸른 씨앗이, 혁명의 뜨거운 불꽃이 피어나기를 바란다. 우리에게는 혁명에 대한 본능이 살아 있다. 이제 그것을 깨울 시간이다.

"나는 새로 태어날 수 있다! 내 삶의 도전은, 혁명은 바로 지금부터다!"

# 청소년을 위한
# 고전혁명

초판 1쇄 발행 2019년 10월 29일
초판 3쇄 발행 2021년 7월 26일

지은이 | 이지성, 황광우

발행인 | 박재호
편집팀 | 강혜진, 송지영
마케팅팀 | 김용범, 권유정
총무팀 | 김명숙

디자인 | 김윤남
일러스트 | 황미옥
종이 | 세종페이퍼
인쇄 · 제본 | 한영문화사

발행처 | 생각학교
출판신고 | 제25100-2011-000321호
주소 | 서울시 마포구 양화로 156(동교동) LG팰리스 814호
전화 | 02-334-7932 팩스 | 02-334-7933
전자우편 | 3347932@gmail.com



ISBN 979-11-88388-94-3 43100

이 도서의 국립중앙도서관 출판예정도서목록(CIP)은 서지정보유통지원시스템 홈페이지(http://seoji.nl.go.kr)와 국가자료종합목록 구축시스템(http://kolis-net.nl.go.kr)에서 이용하실 수 있습니다.(CIP제어번호: 2019041416)